智元微库
OPEN MIND

成长也是一种美好

数字化路径

从蓝图到实施图

谢仁杰　邓斌　著

DIGITAL
TRANSFORMATION

FROM BLUEPRINT TO ACTION

人民邮电出版社

北京

图书在版编目（ＣＩＰ）数据

数字化路径：从蓝图到实施图 / 谢仁杰，邓斌著
. -- 北京 : 人民邮电出版社，2021.1（2024.1重印）
ISBN 978-7-115-55534-2

Ⅰ．①数… Ⅱ．①谢… ②邓… Ⅲ．①数字技术－应
用－企业管理－研究 Ⅳ．①F272.7

中国版本图书馆CIP数据核字(2020)第242143号

◆ 著 谢仁杰 邓 斌
责任编辑 袁 璐
责任印制 周昇亮

◆ 人民邮电出版社出版发行　　北京市丰台区成寿寺路11号
邮编 100164　 电子邮件 315@ptpress.com.cn
网址 https://www.ptpress.com.cn
三河市中晟雅豪印务有限公司印刷

◆ 开本：720×960　1/16
印张：15.25　　　　　　　　　　2021年1月第1版
字数：200千字　　　　　　　　　2024年1月河北第5次印刷

定　价：69.00元

读者服务热线：（010）81055522　印装质量热线：（010）81055316
反盗版热线：（010）81055315

广告经营许可证：京东市监广登字20170147号

赞誉

数字化发展是企业应对创新发展的有效方式，而数字化转型则是企业管理者推动数字化发展所必须了解的战略思想。《数字化路径》的两位作者基于典型的企业案例，提出并阐述了数字化转型的"三力模型"，三力指战略、业务和文化的融合力，领导者、组织和人员的敏捷力，获取、流通和应用的数据力。该模型为企业管理者的数字化转型提供了简明清晰的指引，值得各位企业管理者学习与参考。

——邹来龙　中国广核集团网信办副主任，深圳市 CIO 协会荣誉会长

数字化、数智化的浪潮已席卷各个行业，成为新一轮产业升级的重要方法。在这一波浪潮中，有不少企业抓住机遇高速发展，但有更多的企业仍对如何进行数字化融合存在疑虑、困惑。《数字化路径》通过大量的数字化实践、案例分析和总结归纳，形成了一套相对清晰、可操作的数字化方法论，书中

提出的"三力模型"适用于解决企业数字化转型的主要问题，能有效帮助企业梳理其在数字化转型过程中的重点和短板，希望该模型可以帮助企业实现数字化。

——吴能全　中山大学企业管理研究所所长，中大咨询集团创始人

未来的成功企业一定是数字化企业！如何实现企业数字化转型？其主线是紧紧抓住数据智能，通过数字化高效融合企业的战略、业务和文化，持续引领企业迈向更符合时代特征的未来。作为数字化领域的"老兵"，我欣喜于读到谢仁杰和邓斌合著的《数字化路径》。这本书内容简明扼要，观点清晰硬核。书中提出的"三力模型"很好地诠释了企业实现数字化转型需要构建的三个关键能力：融合力、敏捷力、数据力。本书值得正在进行数字化或者准备进行数字化的企业家和数字化管理者研读与参考。

——周良军　华为公司原首席信息官、原企业业务规划与咨询部总裁

数字化转型、融合、创新是今天每个企业发展的必由之路，也是企业提升竞争力、不断进步的唯一机会，只有方向，没有终点。智光电气所在的能源技术领域具有较好的数字化基因，这几年更是在业务模式创新方面不断探索和实践，也积累了一些经验。我和谢仁杰就数字化应用发展有过多次交流，他对这方面的理论和实践有较深的理解，也很有创新激情。他和邓斌共同创作的这本书更是让我眼前一亮。他们结合部分案例及项目经验提出的数字化

三力模型，以及在此基础上提出的多个方法框架，系统地思考了企业数字化的整体内涵和实施方法，对企业数字化的发展有较大的参考价值。

——芮冬阳　智光电气股份副董事长

在过去的 30 多年里，信息化一直是企业管理的辅助手段，其对企业原有的经营管理模式起到增强和提效时作用。如今，数字化已经是一个全新的赛道，不少企业借助互联网、物联网、5G 和 AI 等新兴技术，重塑其在产品和服务方面的数字化竞争力，打造全新的数字化营销渠道，构建智慧的数字化服务体系，数字化转型是企业的一次"涅槃"。时代的发展加速了企业数字化的进程，但是不同行业、不同规模的企业如何规划自身的数字化之路，仍是一个新课题。而《数字化路径》的两位作者谢仁杰、邓斌在对大量案例充分研究之后，提出了切实可行的"三力模型"，该模型值得推荐给所有仍在探索数字化转型的企业高管和首席信息官们。

——周庆林　广东省首席信息官协会秘书长

序言

PREFACE

面对新时代，曾任蚂蚁集团副总裁的刘伟光[①]指出，再过十年，几乎所有的企业都将变成数据驱动型或软件驱动型的公司。他的这一判断并非信口开河，蚂蚁集团从技术、数据、业务到组织、规划、实践等领域，全方位、系统化地提升了金融机构在数字化方面的敏捷能力。它基于数据驱动提供金融科技服务，在把金融科技包装为一个产品、一套解决方案的基础上，打造了"两大新型生态"。一是独立开发软件商（Independent Software Vendors，ISV）生态，它是结合蚂蚁集团的技术与 ISV 应用所建立的生态，为蚂蚁集团的技术和数据挖掘能力提供助力；二是面向机构客户的生态，通过打磨成熟的数据能力、科技能力，盘活银行等机构用户的黏性。

然而，面对新时代，有人欢喜有人忧。有人能把握时代机遇，乘风破浪，

[①] 刘伟光：现任阿里云智能新金融业务部总裁。

获得一次又一次的成功；有人却由于没能及时审时度势，调整企业战略规划而失去市场地位，黯然失色地被时代抛弃。其中，最让人唏嘘不已的则是输给了互联网的大润发。犹记得，黄明瑞辞任大润发董事长时说了这么一句话："我们赢了所有对手，却输给了时代。"

2016 年，高鑫零售旗下欧尚、大润发两大品牌在全国运营 440 多家大卖场，营收总额超过 1000 亿元，大润发单店平均业绩超过 3 亿元，创造了连续 19 年未关店的纪录。带领大润发开疆拓土让黄明瑞获得了"陆战之王"的称号。但是，电商的崛起让大润发的发展严重受阻并遭受重创。为了应对京东、阿里等企业的多重夹击，以往对电商行业不屑一顾的黄明瑞被迫妥协，从而打造了一个电商平台——飞牛网。然而，即使前后投入约 20 亿元，飞牛网仍旧连年亏损、发展缓慢，很多消费者甚至根本不知道它的存在。黄明瑞在线下带领大润发屡战屡胜，到了线上却连阿里和京东的对手都称不上。以至于有人评论"在数字化时代，落后一步就可能落后一个时代，飞牛网晚了，晚到无力回天"。最终，大润发被阿里收购，大润发的创始人携高管离职，离开了曾经让他们无比自豪的零售行业，留下了经典的那句"赢了所有对手，却输给了时代"。

几年前，企业对数字化的认知还停留在概念、技术、营销等某个战术层面，但随着用户习惯的变化以及技术的成熟，数字化对经营决策的影响越来越大。它不仅影响了企业的营销战术，还深刻地影响着企业的经营环境、商业模式和管理模式，甚至已经逐渐渗透到了企业经营的血液中，融入每一个经营环节。企业经营需要正视数字化，一步落后，就步步落后，不管企业自身有没有做错，跟不上时代脚步就必然会被取代，这是新旧交替的规律，也是势不可当的潮流。

举一个案例供大家参考，这个案例的主角名叫张建国。张建国于1990年加入华为，见证并推动了华为早期的人力资源体系建设（包括起草《华为公司基本法》等重大事件）。他是华为首任人力资源总监，从华为离职后，曾任中华英才网CEO。从1990年开始在华为做人力资源工作到现在，他始终聚焦于人力资源领域。张建国最令人敬佩的地方在于：他放弃绝大部分从事人力资源的人通常会选择的发展方式，在2010年创办了人瑞人才科技公司，进入了看似不具备太多技术含量的人力外包领域，但是该公司于2019年12月在港股主板上市，发展势头强劲。他坚持每年持续投入重金打造人才管理系统，大胆应用数字化技术管理自身企业，通过数字化实践积累优势，进而改变行业格局。

人瑞人才科技公司已建立了全面一体化的人力资源生态系统，包括香聘平台、瑞聘系统、瑞家园平台、瑞云管理系统及合同管理一体化系统。人瑞人才科技公司通过该生态系统全面掌握、获取数据，了解供需方真实诉求和情况。基于数据和对数据的加工与分析能力，人瑞人才科技公司为具有人才需求的客户灵活提供创新方法并定制解决方案，协助客户应对人才需求高峰与低谷。数字化使得该公司能在短时间内提供以效果为导向且转化率高的一站式招聘服务。在尝到数字化的甜头之后，张建国表示："将持续创新并强化我们的系统、平台、人工智能及数据挖掘技术。"

未来几年，从事"传统业务"多年，但结合数字化发展壮大，登陆资本市场，成为"企业的第二人力资源部""企业的第二财务部""企业的第二仓储部"等类似人瑞人才科技公司的企业成长案例将会越来越多。无论产品定位期、市场复制期、管理规范期还是生态联动期，只要聚焦于企业深耕多年、最专业的领域，以数字化提升产品价值，企业必将如虎添翼，这也成为企业在竞争中制胜的关键。

5G、人工智能、工业互联网、物联网等新型基础设施建设将会成为未来几年经济建设的重点任务之一。区别于传统的基础设施建设，"新基建"重点发力于科技端，主要包括七大领域：5G 基建、特高压、城际高速铁路和城际轨道交通、新能源汽车充电桩、大数据中心、人工智能和工业互联网。启动新一轮基建有助于稳增长、稳就业，释放国内经济增长潜力。预计，新基建的投入是 33.83 万亿元，这是什么概念？如果做个简单对比，2019 年我国的GDP 总量为 99.1 万亿元，这相当于用 2019 年 GDP 总量的 34% 来投资新基建。由此可见，数字化浪潮正在自上而下地涌来。

海尔 CEO 张瑞敏说过："没有成功的企业，只有时代的企业。"在成长的每一个阶段，企业只有融入时代的新要素，才能走得更远。如果不善用数字化，企业就像在用农耕时代的工具进行开垦，即使力气再大，能力再强，也必然落后于这个时代，甚至被时代淘汰。数字化是这个时代的地基，如果地基不牢固，企业就无法基业长青。

通过多年的数字化实践以及对大量的企业数字化转型案例的研究，我们提出了数字化转型的"三力模型"——融合力、敏捷力、数据力。这三力分别从企业的经营、组织人员以及数据基础三个方面，打造企业核心的数字化能力，建立企业家和管理层对数字化转型的整体认知，让数字化变得可触摸、可实现，让数字化从蓝图阶段走向实施阶段。

融合力主要是指企业在战略、业务和文化等层面与数字化时代发展需求进行融合，从业务经营层面促进企业实现数字化转型，从而帮助企业准确地判断时代的发展趋势。

敏捷力主要是指从企业层面促进企业的数字化转型，通过提升企业领导者的敏捷力、构建敏捷组织以及培养敏捷人员等方式提升企业应对数字化时代的能力，进而让企业能够敏捷地应对市场快速变化、客户需求多样的时代特征。

数据力则主要是从数据基础层面促进企业进行数字化转型，从数据获取、数据流通以及数据应用等多方面提高数据使用效率，从基础层面保障数字化的切实可行。本书将秉承"实践出真知，真知指导实践"的原则，将从大量实践和案例研究中得出的"三力模型"应用于实际的案例分析，让读者更加清晰地感受到"三力模型"在企业数字化转型中的作用。

由于篇幅所限，本书只能抽取核心关键点，无法进一步展开细节部分，欢迎读者就具体领域做进一步探讨，交流实践心得。最后，祝愿中国的企业都能在数字化时代越来越好！

目录
CONTENTS

第三部分　应用篇

第一部分

困惑篇

随着 5G、云计算、区块链、大数据和人工智能等数字化技术在商业和生活中被广泛运用，数据资源逐渐成为企业生产经营的重要资产，企业经营进入了一个全新的数字化时代。在数字化时代，各行业之间的界限逐步模糊，跨行业协作变得更容易，各行各业的经营形式和经营内容也发生了天翻地覆的改变，各行各业都被重新定义，新兴行业崭露头角，"降维打击"在商业竞争中无处不在，传统行业面临挑战。此外，数字化发展还带来了颠覆式创新，重塑了企业核心竞争力的内涵，改变了传统的竞争模式。因此，如何抓住数字化时代的红利和机遇并应对随之而来的焦虑，是企业亟待思考的问题。

随着科技创新、网络数字技术的快速发展以及人民生活水平的提高，企业经营也逐渐暴露诸多不足。同时，数字化发展使企业面临的商业环境和市场环境变得更加复杂多变，因此，创新、变革、转型、升级成为企业迎接新时代的重要课题。而近年来，产能过剩、成本上涨、效率低下、全球化受阻、电商发展等都给传统行业带来了巨大的冲击，尤其对于劳动密集型的传统行业来说，招工难、用工难成为目前面对的难题，用工成本大幅上升也加大了企业的经营难度。利用廉价劳动力实现高速发展的红利期已然成为过去式，传统行业面临更多挑战。

数字化技术的冲击更是让传统行业雪上加霜，同时伴随着数字化技术的不断升级、发展与更替，降维打击越发常见。因此，对于传统企业，尤其中小企业而言，数字化已经不再是一道远在天边的选答题，而是一道迫在眉睫的必答题。然而，数字化转型绝不是一蹴而就的，企业在数字化转型时往往存在诸多困难。例如，不能准确抓住新时代的特征、找不准新时代的自身定位、找不到数字化时代自身的核心竞争力、不能迅速面对市场变化、无法有效评估数字化转型的效益、难以把原有业务与数字化有效融合以及数据资源利用不充分等。如果没有提前筹划及科学应对这些数字化困局，企业将产生较大的机会成本和沉没成本。

基于此，本书第一部分首先对企业面临的数字化时代的特征进行分析，并在此基础上对企业在数字化转型过程中存在的困惑进行梳理。

第一章 直面不确定性：机遇与挑战

2020 年伊始，一场疫情使全国的交通、生产和服务几乎陷入停滞状态。在抗疫过程中，数字技术扮演了十分重要的角色，从病例的发现、疫情的防控、病患的诊疗，到救援物资的运输、人口流动的预测与管控、复工复产的有序推动等，可以说"无处不数字，无时不数字"。危机来临时，有人看到"危"，有人看到"机"。即使在疫情最为严重的时期，在市场环境不够理想的情况下，互联网行业和部分数字化程度较高的企业也只受到了轻微的损失，甚至有的企业在这场灾难中因为发现并精准把握了机遇，迅速崛起。

公开数据显示，在线生鲜果蔬业除夕至正月初七的交易额同比增长了149%，每日优鲜的订单量更是比去年同期增长了309%，实收交易额增长465%；在线办公软件钉钉的数据显示，在开工首日，全国有约1000万家企业、近2亿人开启了在家办公模式；直到2020年3月初，累计已有约1200万学生和2万所学校加入了"在线上课计划"；在线教育App学而思网校日活跃用户数量增长了1154%，破历史新高……这些在疫情中有亮眼表现的企业都是数字化的受益者，它们的表现也让数字化再一次成为全民讨论的热点话题。

数字化只是简单的 3 个字，但是每个人对它都有不一样的理解和感受，它包含着丰富的内涵并产生了广泛的影响。数字化重新定义了各行业，并让"降维打击"在商业竞争中无处不在。它在带来颠覆式创新，让竞争模式发生改变的同时，也重新定义了企业核心竞争力的内涵。如何抓住数字化时代的红利和机遇，如何正确应对随之而来的焦虑是企业迫在眉睫的难题。

第一节　行业被重新定义

随着 5G、云计算、大数据和人工智能等数字化技术在商业和生活中的广泛运用，作为核心资源的数据的价值也得到了充分挖掘和利用。正因如此，各行业之间的界限逐渐模糊，跨行业协作变得更容易，各行业的工作形式和内容也发生了天翻地覆的改变。传统行业面临挑战，新兴行业崭露头角。数字化正在重新定义各行各业。

一、行业边界被打破

20 世纪 90 年代，互联网刚刚兴起时，企业迎来了第一波信息化建设的大潮，不过当时的信息化更多的是通过还未成熟的互联网技术对企业内部数据进行处理和储存。但现在，"开展数字化变革"已然成为各行各业的一种共识。

数字化与信息化最大的区别就在于数字化打通了数据之间的"墙壁"，凸显了数据资源的价值，让数据资源成为一种与劳动力、知识、资本等相提并论的生产要素。

在信息化时代早期，企业内各部门之间、企业与其他企业之间以及企业与客户之间的数据基本都孤立存在，彼此之间没有建立连接，这种割裂状态造成的最直接的问题就是企业运营效率低下，行业边界异常明显，各行业界限分明，各自闭门造车，造成了社会资源的极大浪费。

而在如今的数字化时代，时代要求企业甚至行业打破屏障，要求数据系统之间形成有机衔接。行业间的无形边界被逐渐打破，这给企业带来了新的发展机遇。一方面，企业的跨界合作运营变得简单；另一方面，数字化技术的应用也使行业的运作方式发生了巨大改变。

我们在此举两个企业跨界合作运营的案例。

第一个典型案例就是在抗击新冠肺炎疫情最困难的时期，以五菱汽车、中国工业机械集团为代表的众多主张危机自救的企业跨界生产抗疫物资，企业发挥各自的专业优势，加急供应紧缺的物资，如熔喷布、口罩机等，协同合作研发口罩、防护服等抗疫必需品，使"5 天时间，从无到有搭起一条口罩生产线""3 天出图纸，7 天出设备，10 天出产品""55 小时，研发攻关成功"等新闻报道不断出现。企业跨界合作大大加快了我国复工、复产、复学并取得抗疫全面胜利的速度。

有了大量数据作为基础，在数字化技术的支撑下，企业就相对容易打破行业壁垒，进行多维度的战略布局。

第二个案例与腾讯有关。一方面，最初腾讯不过是一家研发了一款即时通信软件的小企业，但它抓住了互联网早期的机遇，前期充分累积了大量用户的数据资源，成功把公司业务延伸到金融、游戏、教育、出行、传媒等行业，最终成为我们熟知的大企业。腾讯通过整合虚拟数据打破了传统行业边界，实现跨界经营，打造产业生态圈，聚合优势资源，建立协同体系，然后再通过这种资源的整合，快速提高了企业的整体价值。

另一方面，数字化在帮助企业实现轻松跨界的同时，也让众多行业的生态发生了翻天覆地的变化。有的行业凭借数字化技术引领了新一轮的发展，也有的行业没能及时思变，在数字化浪潮的冲击下业绩下滑。典型的引领型企业案例包括滴滴出行、猿辅导等。

作为新的出行服务商，滴滴出行在数字化技术的助力下，成功抢占了传统出租车市场的一部分蛋糕。仅2018年，滴滴出行就在全国430个城市为5.5亿人提供了超过100亿次的出行服务，平均每天达到2700万次。在这个过程中，滴滴获取了海量的出行数据，每天处理的数据量超过300TB，其大小相当于30万部电影。滴滴公司通过对这些大量、高速、真实的出行数据进行分析处理，为用户的每一次出行规划最佳路线，使用户更好地避开上下班堵车高峰，并对不同司机和用户进行优化匹配。乘客堵在路上时的烦躁和司机空跑的焦虑，都因大数据的应用较好地得以解决。

数字化技术的应用还颠覆了诸多行业的运作形式，教育行业是一个典型的例子。在2020年疫情期间，为了响应国家"停课不停教、停课不停学"的政策，中小学开展了在线教学，在线教育行业也因此在2020年第一季度迎来了爆发式发展。运用数字化技术搭建的线上教育平台猿辅导，在3月31日对外宣布完成了10亿美元的G轮融资，公司估值升至78亿美元，成为该行业未上市公司中估值最高的教育品牌。当猿辅导凭借互联网及其海量题库率先把教育业务转移到线上，打开了一片新天地时，传统的线下教育培训大多因为疫情限制无法开展业务。

得益于数字化获得快速发展的行业还有快递行业、外卖行业等，但是传统的速食行业、餐饮行业却也因此受到影响。这些传统行业必须思考如何利用数字化技术寻求新的发展机会，否则就会被数字化浪潮颠覆。整体而言，随着数字化技术的快速发展和应用，我们应当以新的眼光重新审视各行业的发展和未来的机遇。

二、行业内部大洗牌

随着科技创新以及网络数字技术的快速发展，我国经济也从较为快速的增长阶段转向缓慢的增长阶段，行业中的一些不足逐渐显露，这使创新、变革、转型、升级成为企业迫切要解决的问题。

数字化技术冲击着传统行业。以报刊业为例，由于信息与网络技术的发展、电子产品设备的快速更迭以及移动终端阅读方式的流行，传统纸质报刊受到重大影响。人们阅读的载体不再局限于纸质报刊，而更多聚焦于以手机、计算机、Kindle 为代表的阅读器；再加上网络自媒体的快速崛起，"内容 + 服务"的产品模式由于其自身特点而对传统报刊刻板单一的产品形式形成了强劲冲击。

如上所述，产能过剩、成本上涨、不能适应数字化浪潮、新产品与新科技的冲击和消费者需求的改变等，都是传统行业在数字化时代面临的巨大挑战，在这种情况下，新兴行业正在崭露头角。

相对于传统行业而言，新兴行业是随着科技进步出现的，关系到经济发展和产业结构优化升级，新兴行业是具有全局性、导向性、长远性的行业，有着技术含量高、附加值高、资源集约等特点。

移动互联网的快速发展在很大程度上改变了人们的消费习惯，也迎合了消费者需要更加快捷高效、随时随地、个性化的服务要求。企业在经营过程中，可以不拘泥于传统的运营方式和营销手段，转而进行跨界合作，以达到随时随地创造价值和传递价值的效果，让用户耳目一新。近年来，央视春晚与微信、抖音进行合作，无论是摇一摇抢红包活动，还是在抖音上发布视频参与活动都产生了很好的效果。一方面，春晚节目可以凭借互联网活跃气氛，增强互动感，拉近与观众的距离；另一方面，这对于微信和抖音来说也是绝佳的营销机会，能通过春晚平台聚焦全国人民的眼光。

科技的发展、环境的复杂多变在很大程度上解除了传统行业的种种限制和枷锁，为企业快速发展提供了机会。例如，知名奶茶品牌喜茶推出的子品牌"喜小茶"。与喜茶不同，喜小茶的主营产品为奶茶、果茶、咖啡、冰激凌等，价格在 6 ~ 16 元，仅为喜茶的一半。从产品定位和用户群区隔来看，喜小茶的目标用户群体主要分布在三四线城市。这一产品主要通过用户数据分析得出消费者画像，进而区分消费群体并结合互联网平台营销引流，以实现差异化布局，占据更大的市场，提高产品渗透率。除此之外，喜茶宣布在天猫开旗舰店销售周边产品，这也是在拓宽营销渠道，即通过新零售方式全面提升品牌知名度。因数字技术的加持，这些新兴品牌才得以快速发展壮大。

三、行业升维和降维成为常态

"降维打击"一词源自中国知名科幻作家刘慈欣的科幻小说《三体》，意思是将被攻击目标本身所处的空间维度降低，致使被攻击目标自身无法在低维度的空间中生存而被消灭。随着"降维打击"这一概念的不断普及，该思维在商业中的运用也越来越广泛。伴随着数字技术的升级、发展与更新换代，降维打击越发常见。数字技术与具体业务的结合既可以让企业借助新科技领先竞争对手从而"升维"，也可以帮助企业自主"降维"，使业务更加精细化，从而进一步占领市场。

一个企业想要在整个行业中不断扩大自己的规模和市场，必经之路便是跑赢自己的竞争对手，以此夺取更多市场资源和份额。通常而言，降维打击在商业中的第一大路径是置对手于低维，通过不断发展自身，让企业始终处于更高的维度，这可以理解为带着本不属于本行业的技术、优势或资源参与行业竞争，从而对低维度的竞争对手实现降维打击。

以速食面为例，它的出现不仅基于大众对便捷生活的追求，也让大众能在厨具设备不齐全、时间或精力不允许的情况下，吃上一口热乎的饭菜。在此背景下，速食面获得了巨大的发展。国家统计局数据显示，截至2011年，全国速食面的年销量已经连续18年以两位数稳定增长，2013年时达到了顶峰——年销462.2亿包。然而，之后其年销量便开始连年下跌，到2016年时已经下跌至年销385.2亿包，相比2013年，销量减少近80亿包。2015年至2018年是外卖行业全面崛起的阶段，在互联网的带动下，外卖行业异军突起，发展迅猛，从最早的打包形式到如今的线上订单配送，用户在手机上就可以享受"一条龙"式的服务。外卖不仅满足了大众对于便捷的追求，还可以为用户提供更加丰富的食物品种，满足用户多样化的需求，为消费者在健康饮食和省时省力之间找到平衡点。外卖行业的兴起无疑在一定程度上对速食面的发展产生了冲击，而速食面与外卖行业之间的竞争模式便可以充分反映降维打击思维的应用。外卖行业因其网络化、便捷化和多样化等特点，取得了一定的优势，从而占据了速食面的受众市场，对速食面形成了降维打击。

与此同时，得益于数字化的发展，电子商务在我国的发展也十分迅猛。虽然与传统的实体零售业相比，我国电商的发展时间非常短暂，但回顾过去20年的发展历程，我们可以发现，电子商务在零售业中可谓后来居上。以我国目前的三大电商——阿里巴巴、京东和拼多多为例，三家企业的财务报告显示，它们2019年的成交总金额（Gross Merchandise Volume，GMV）分别为60000亿元、17000亿元和4716亿元。电子商务在零售业中不断扩张，它以网络平台为介质，利用电子或互联网技术更好地与客户对接，及时传递最新信息，有效缩减支出，并且利用数字技术对客户群体的喜好进行数据分析，获取市场最新动向，及时调整产品结构。电商平台充分利用技术支持、物流规模、品牌信息等多方面的优势，站在零售业的更高维度上，以更低的成本和更个性化的服务，实现了对低维传统实体零售的降维打击。

商业模式中实现降维打击的第二大途径便是自我升维，将业务融会贯通，构建一体化运作模式，减少不必要的成本或业务，专注于细节或品质，将自己擅长的领域做到极致，这便是所谓的"自我更新式升维"。

2020 年伊始，我国受疫情影响，国民经济收入水平也有所波动，消费者的消费力和消费意愿降低，整个餐饮业发展停滞。作为火锅业佼佼者的海底捞，其企业经营也面临着空前的困难。在这种严峻的形势下，海底捞迅速切入中式快餐市场，快、准、稳地找到了新形势下快餐市场的刚需，力求将性价比发挥到极致。海底捞推出"捞派有面儿"的中式平价面馆，其中各式面食的均价不到 10 元 / 份，在价格方面着实打破了大众对海底捞的固有认知。海底捞作为火锅行业的头部企业，具备大公司应有的管理和运营思维，再加上消费者对于海底捞品牌的认可度及忠诚度较高，使其可最大化地做到品牌共享，加速推广"捞派有面儿"，这对传统中式快餐业来说无疑是一次较有力的冲击。

另外一个典型的自我更新式升维的案例便是 360 杀毒软件。在我国互联网发展的初期阶段，瑞星、金山、江民这三款杀毒软件几乎三分市场，形成了三足鼎立的局面。而在 2008 年 7 月，以清除恶意软件起家的 360 安全卫士正式推出了杀毒软件，并且宣布该软件永远免费。虽然这一举措遭受传统杀毒企业的普遍质疑："如果杀毒软件完全免费，那么公司靠什么生存？如果公司自己都无法生存，怎么保护用户的权益？"但是，360 推出免费的杀毒软件后，在很短的时间内便迅速占领了市场，其用户总量一度超越了原有的任何一款杀毒软件。360 集团的创始人兼 CEO 周鸿祎坚持认为，这项举措能让 360 杀毒软件获得足够多的忠诚用户，因此，用户也终会把目光从杀毒软件这一前端产品转移到其他增值服务上。

第二节　全新的竞争模式

数字技术的应用为市场带来了层出不穷的创新机会，使整个市场的竞争模式从最早的企业间竞争、产业链竞争发展到了跨产业全面竞争的新模式，并且竞争内容更专注于企业的价值定位、资源结构和整体格局。

一、竞争模式的三个阶段

随着市场的不断变化，竞争模式的不断发展和演进，各行各业针对市场提出了新问题和新要求，竞争模式也在适应市场变化的过程中不断转变。商业竞争模式其实是一个宽泛、集成的概念，正如竞争是各行各业对系统内多元素的集成创新一样，竞争结果的成功与失败也并非只意味着企业内部管理成功与否这一个方面，竞争的内涵和外延非常广泛，离不开对日常经营、生产、供应商和消费者等各方面的竞争管理。在我国，商业竞争模式主要经历了以下三个阶段。

1. 企业间的竞争

企业间的竞争——竞争的边界基本为企业业务的边界。在这种竞争状态下，竞争力主要源于企业自身的竞争力，自身资源是企业间竞争的基础，而自身提供的产品或者服务则是竞争价值的体现。以可口可乐和百事可乐为例，这两家可乐公司之间的竞争就是典型的企业间的竞争：多年来，两家公司的竞争范围基本都是以产品种类、消费群体、品牌形象以及公司定位为主，这些方面的竞争是企业间竞争模式的典型表现。

2. 产业链间的竞争

产业链间的竞争——竞争的边界扩大至不同的产业链，但竞争依然处于该行业内。在这种竞争模式下，企业在行业内的影响力是竞争的基础，产业链的协调运作是竞争力的主要来源，合作效率提高带来的溢价则是竞争价值的体现。产业链间的竞争主要从企业的供给与需求两个维度体现。以我国奶制品行业为例，产业链上游需要发展一批专业化的奶制品生产基地，推动养殖业聚集发展，保障原材料供给及品质安全；产业链下游则需根据资源条件及区位优势，整合发展一套完备的、与奶制品配套的服务集群，如区域性储藏、电商平台、物流运输等业务，从而提升产业链一体化水平，健全利益联盟机制。

3. 跨行业竞争

跨行业竞争——竞争的边界跨越不同的行业。随着行业的发展，我们正在逐步进入这一阶段。在这种竞争模式下，企业间的互利共生是竞争的基础，行业整合带来的优势和影响力的互惠溢价则是竞争力的主要来源。以大众出行旅游领域的领军企业携程为例，其业务范围已从最初的机票代理拓展到了旅行社、酒店、租车、境外小交通等方面。另外，电商巨头亚马逊的触角正从电商领域伸向实体零售，利用人工智能技术推出无人便利店"Amazon Go"，可以做到让顾客无须结账，直接把货带回家。

跨行业竞争出现的基础是技术在商业基础设施中的积累。目前，随着人工智能、区块链、云计算和大数据的发展，商业行为正在发生巨变，各行各业间的联系和交集越来越多，由此形成了合作的基础，也使很多新模式得以落地。

二、全新竞争模式的本质

人工智能、区块链、云计算和大数据等科学信息技术正在生产经营活动中扮演越来越重要的角色，现代企业已然进入一个数字化时代。在数字化时代，企业面临的商业竞争模式也从传统的企业间竞争和产业链间竞争进入跨行业竞争。科学技术在企业生产经营中的普遍应用，尤其是人工智能和大数据等技术的发展，使数字化时代的行业边界日渐模糊。因此，企业间的竞争模式逐渐演变为跨行业的竞争模式。这种跨行业的竞争模式对各行各业都提出了新要求，进而使得商业竞争模式的本质较以往任何时候都有了较大的变化。

1. 价值定位

数字化时代，科技发展日新月异，市场环境复杂多变，客户需求多元化，这些都要求企业能准确把握市场动向，明确自身的价值定位和市场导向。新时代跨行业的竞争模式，实质上是要求企业洞察市场动向，把握消费者喜好，将企业生产的价值定位与市场环境、客户需求结合起来。新竞争模式下，企业竞争力的强弱在本质上取决于其能否满足消费者的消费喜好。要想满足消费者的消费喜好，提升企业在消费者心中的地位，增强客户黏度，首要的任务就是有效定位消费者的价值取向。确定战略方向几乎在所有行业的竞争中都起着举足轻重的作用，而价值定位恰好是战略方向的重要体现。如果企业在价值定位上出现失误，那么即使发展出新颖的商业模式，最终也将流于平庸。因此，新竞争模式下，企业首先要明确产品的价值定位，从而把握消费者的喜好，在市场竞争中占据消费者的心智，进而在数字化时代占据一席之地。

2. 应变能力

新时代背景下，企业面临的竞争愈发激烈，不仅要面对同行业的竞争对手，还要谨防新兴企业的颠覆和其他行业大企业的跨界竞争。因此，在跨行业竞争模式中，除了明确价值定位、准确把握消费者喜好和市场动向，还要重视提升自身的应变能力，新竞争模式的本质之一也就是企业间应变能力的竞争。

数字化时代，消费者的消费需求已不再是单纯追求数量和质量，而是追求个性化和新颖性；科学技术的应用也使企业间的竞争日益激烈，市场动向和商业环境更加复杂多变。因此，在面临变幻莫测的市场环境时，仅有明确而精准的市场定位远远不够，还需要有能对市场环境的变化做出迅速反应的应变能力。跨行业竞争模式下，企业在精准定位市场的同时，要对市场变化和消费者需求的变动迅速做出反应，这种应变能力也是企业占据市场优势的保证。

3. 资源结构

价值定位是一种经营战略思想，应变能力是企业的组织结构特性，而资源结构则是新竞争模式下企业最有价值的、难以模仿的、不可替代的重要资产。如果企业忽视资源结构的重要性，那么所有的价值思想都将成为空中楼阁，很难实现。

数字化时代，信息技术高速发展，大数据技术广泛应用，数据资源逐渐成为企业在生产经营中不可或缺的重要资源，也是企业资源结构中的核心资源。很多企业都是基于大数据技术分析产业的发展前景，从而做出跨界决定的。完善的资源结构，尤其是强大的数据资源，可以帮助企业分析产业的发展前景和市场动向。因此，新竞争模式在本质上也是企业资源结构，尤其是数据资源结构的竞争。

综上所述，新时代跨行业的竞争其实是企业价值定位、应变能力和资源结构的竞争，它需要企业利用现有的资源结构，通过数字技术分析市场，把握市场动向和消费者喜好，从而明确企业的价值定位，并基于这一定位不断强化自身对市场环境和消费者需求的应变能力。

三、构建新时代的核心竞争力

企业通过比较自身竞争力与行业内其他企业的表现，找出相对于其他企业的优势资源和能力，从而界定自身的竞争能力，这便是企业的核心竞争力。企业的竞争力实则是由各方面的突出优势组合形成的，而核心竞争力构成了企业的战略核心，是企业拓展新业务的源泉。为了让企业在核心产品的制造方面取得领先地位，同时可以利用范围经济的品牌建设获取市场份额，企业只有在核心竞争力、战略规划和部门人员布局等多个层面同时发力，才能赢得竞争。面对数字化时代的新型竞争模式，企业的核心竞争力也需要被重塑，以便更好地把握数字化时代的机遇。相较于以往追求量产、以量取胜的状况，数字化时代企业对核心竞争力的要求会更高。

企业生存发展的根本在于消费者是否愿意选择企业生产的产品和提供的服务。数字化时代，商品市场已从供不应求转变为供大于求，消费者有越来越多的选择，因此，企业要想在市场竞争中生存发展并保有市场份额，就必须以消费者的需求为导向制定发展战略，提供相应的产品和服务。新的竞争模式下，每家企业都想在激烈的市场竞争中占据有利地位，保有生命力和竞争力，这就要求企业必须重视核心竞争力的提升，而提升企业核心竞争力的关键在于精准狙击消费者的消费取向。具体而言，在数字化时代，企业面对未来的核心竞争力主要可以归纳为以下几个方面。

1. 快速感知市场

数字化时代背景下，企业面临的商业环境和市场环境不断变化，其生存空间不断压缩。随着社会经济发展和人们生活水平的提高，消费者的需求也不断发生变化，变得充满多样性，市场也因此不断变动。此外，互联网、人工智能以及大数据等技术的发展与经济全球化的蔓延，使企业的发展充满了不确定性、复杂性和易变性，市场动向更加变幻莫测。而企业生产的基本原则，就是要提供容易被消费者认可与选择的产品和服务，因此，企业赢得消费者认可和信赖的首要任务，就是精准把握消费者的需求，也就是把握当前及未来的市场动向。这要求企业必须具备长远的战略眼光，能够快速感知市场。只有能够快速感知市场的企业，才能率先把握市场先机，率先提供消费者需要的产品和服务，进而抢占市场份额。因此，快速感知市场是企业面对未来首要的核心竞争力。

2. 持续进行技术创新

与以往不同的是，数字化时代既是科技迅速发展的时代，也是信息爆炸的时代，科技创新的速度很快，普及速度和更新迭代的速度更快。因此，企业想要像以前那样进行一次技术创新就一劳永逸、长久地占据市场领先地位是不可能的。在数字化时代，企业要想长期占据领先地位，就必须持续拥有技术创新能力。一方面，持续的技术创新能够使企业在技术层面领先于其他企业，真正做到"人无我有，人有我优"，为消费者提供比其他企业更好的服务，进而引领市场动向；另一方面，消费者的消费需求趋于多元化和复杂化，这就要求企业积极地倾听消费者的反馈，并不断通过技术创新加强技术迭代，及时更新产品，更好地满足消费者的需求，进而在市场竞争中提升消费者的忠诚度。

3. 组织敏捷灵活

数字化时代背景下，商业环境和市场环境比以往任何时代都更加复杂多变。如果企业固守传统的金字塔型组织结构，就会因烦琐的流程无法对市场动向及时做出反应，并逐渐失去快速感知市场的能力。因此，企业要想在复杂多变的市场环境中生存下来，就必须想办法精简组织，简化审批流程，打破部门壁垒，打造敏捷灵活的组织。只有组织结构和人员足够敏捷与灵活，企业才能在感知市场变化时快速做出相应决策。同样，只有组织人员足够敏捷，业务流程足够简化，企业才能在日新月异的市场环境中游刃有余，灵活自如。

4. 打造商业生态

随着互联网、人工智能以及大数据技术的发展，传统商业的空间局限被彻底打破，产业边界变得模糊，打造生态型企业逐渐成为数字化时代新的发展模式和增长格局。生态型企业就是以客户为中心，通过文化的凝聚力以及业务的有机融合，形成健康且相互支持的有机体。随着数字化技术的兴起和客户需求的快速变化，打造商业生态的能力逐渐成为衡量企业核心竞争力的重要指标。

企业可以通过培育人才生态、聚拢行业内外的顶尖人才，让顶尖人才承担融合与创新的任务，从而成为商业生态的引领者。此外，企业还可以利用"塑造总部价值""构建组织单元"和"设计市场化机制"三大环节，不断迭代，完成系统变革，构建生态组织。最后，企业可以逐步完善组织结构，将从单一产品或单一服务输出形成的单一客户关系，升级为多维度、多层次的立体、网状、多变的客户体系。企业可以对内打造以员工为中心的生态机制，为吸引及保留优秀人才建立激励和晋升机制，提供创新的土壤；对外坚持以客户为中心，在供、研、产、销各个环节充分考虑客户需求和体验，沉淀数据，进而打造良性循环。

企业通过提升打造商业生态的能力，营造出一个良性循环的企业生态，在复杂的市场环境中尽可能地满足消费者的多样化需求，同时实现数字化人才的引进和培养，加强与外界的友好合作，从而提升企业自身的创新能力和应变能力，进而提升企业的市场竞争力，使企业更好地应对市场变化，适应数字化时代的发展。

第三节　数字化是核心竞争力的基石

我国作为人口大国，民众消费意愿强，由此产生的消费数据总量也很大。数据是数字经济最关键的资源之一，消费者的需求信息反馈有助于企业对行业市场进行分析，优化生产结构，做出满足消费者喜好的最佳决策。我国规模庞大的经济数据为数字红利的发展提供了基础。此外，我国近几年在信息基础设施建设方面的成就有目共睹，2020 年年初，"新基建"计划的推出表明了国家对于数字化建设的决心和支持力度。不断完善信息基础设施，才能不断为信息交流提供更大的便利。消费平台的快速发展、移动互联网的支持和高速铁路网的建设等都促进了人与物之间的互联互通；再加上我国市场消费需求强烈且规模庞大——拥有世界上最大的网民群体和智能手机使用群体，无论从需求方，还是从供给方的角度出发，这些变化都在一定程度上反映了市场各方均对数字化技术有着更高要求。而且，在数字经济时代，数字化技术促进了人与物之间信息网的构成，也让企业降低了多方面的发展成本，为数字红利的发展提供条件。因此，数字化正逐渐成为企业提升面对未来的核心竞争力的重要基石。

一、提升企业市场感知力，助力企业技术创新

数字化时代，互联网信息技术、人工智能以及大数据等科学技术越来越普遍地应用于企业的生产经营活动和人们的日常生活，这意味着数字化已经深入我们工作生活的方方面面，也意味着企业要想提升核心竞争力、快速感知市场动向，就必须重视数字化的作用和力量。对此，企业可以通过数字化技术建立市场动态分析平台和消费者消费倾向分析平台，提升对市场动态的感知力和判断力。此外，企业还可以积极利用现有的数字化技术，加强科技投入，积极推动自主创新，进而提升本企业的技术创新能力，实现技术持续创新，促使企业保持强大的市场竞争力。

数字化时代，机器可以通过深度学习取代之前由人力完成的大量工作。企业可以利用机器整合劳动力资源，从而整合工种、减少流程、提高速度，在整体上降低生产成本、提升效率。更重要的是，在数字化时代，企业可以凭借科学技术的优势提高全流程的效率。通过高效的大数据计划优化市场决策，加上工业互联网的支撑，企业有望通过中心云、节点以及边缘域的连接打通全流程，实现发展目标。以畅销全球的食品品牌"老干妈"为例，近几年，老干妈通过建立大数据运营中心，对原材料的采购、产品生产和营销、质量检测和监管进行了精准的定位分析以及精细管理，这大大改善了消费者的消费体验，提高了产品质量，大幅提升了生产效率。目前，老干妈多款产品销往国外。

二、激活企业组织结构，提升市场反应能力

传统的金字塔型组织结构已不再适应变幻莫测的数字化时代市场环境，因此，传统企业要积极转变，努力打造灵活便捷的组织结构，培养敏捷型的数字化人才。现有的数字化技术平台可以助力企业构建灵活的组织结构，为简化企业的业务流程提供技术支持。以企业微信为例，在受疫情影响的关键时期，企业微信等 App 不仅为企业正常运行提供了技术支持，还在一定程度上简化了企业的业务流程，提高了企业的运营效率和组织灵活度。同理，企业在日常的经营管理中，也可以加强对数字化平台的开发和利用力度，通过数字技术简化组织结构，打破部门壁垒，提高沟通和决策效率，进而提升企业对市场变化的反应速度。

数字化除了能调整企业组织结构、提升数字化运营效率，还能通过推动各行各业的联动发展，最大限度地释放"数字红利"，并联合外部力量共同应对复杂的市场变化，尤其是突发情况。2019 年 3 月 16 日，一场 5G 远程人体手术引发了全球的广泛关注。一名神经外科专家身处海南，通过对手术器械的远程操控，成功地为远在北京的患者完成了"脑起搏器"的植入手术。这场手术的顺利进行开启了人类医学的新征程，它跨越了时间与空间的限制，无论病人身在何处，只要病人有需求，医生便能通过远程操控完成手术。在此，我引用中国移动的一句话——"4G 改变生活，5G 改变社会"来说明 5G 带来的变化。

三、建立数据平台，打造生态企业

随着互联网和大数据技术的发展和普及，数据已经成为企业的重要资产，也是企业实现数字化转型的重要手段。因此，企业可以通过数字化技术建立数据平台，利用大数据分析消费者的需求喜好，构建多维度、多层次的，立体、网状、多变的客户体系，还可以借助信息技术平台，分析企业内部组织结构和人才引进与培养的需求，打造以员工为中心的生态机制，吸引并留住优秀人才。在供、研、产、销各个环节全方位利用大数据技术和互联网信息平台，充分考虑消费者需求和组织人员结构，形成数据沉淀，进而实现良性循环，助力打造生态企业。在数字化生态中，各业务流程充分连接和协同，实现数据模型统一，平滑交换数据，使存量资产、云原生[①]能力及多云 AI 能力统一开放，内外部生态协同创新，快速提供最佳解决方案以满足业务需求。

以立白集团为例。与其他传统企业相比，立白一直有着敏锐的技术革新嗅觉，从 1998 年的信息化到 2018 年的数字化，立白抓住每次技术变革带来的新机遇，迅速调整企业组织管理模式，其转型经验值得很多传统企业借鉴。2019 年 8 月 29 日，立白与阿里巴巴正式签署 A100 战略合作备忘录，成为所有阿里巴巴 A100 企业中第一家签署合作备忘录的行业龙头企业。立白借助阿里巴巴的数字力量，通过 A100 计划进一步夯实数字化经营的基础，实现了企

[①]　云原生：其包括 DevOps、持续交付、微服务等，也可以将其理解为一系列技术、企业方法的合集。

业的数字化转型。A100 计划使立白可以借助阿里巴巴的数字运营能力，实现全链精准营销。具体来说，立白借力阿里巴巴经济体的全媒体与全触点，在生态内实现了业务闭环，提升了自身全链数字化的能力，打造了基于钉钉基础技术架构的、集团内统一且唯一的数字化工作平台——嘟嘟，将 O2O、导购、立学堂、悦差旅等模块全部纳入一个平台。它既是人、组织和信息的连接器，又是人、组织、效率以及生态的赋能器。立白的 IT 部门逐渐迈向产业互联化、组织生态化和业务智能化。在阿里巴巴 A100 战略合作的推动下，立白将原有的 IT 部门转型为"数智中心"，与钉钉深度共创，共同探索企业的产业互联化、组织生态化。此次立白与阿里巴巴的合作，充分体现了数字化对打造生态企业的重要作用。

华为 ROMA 总设计师陆昕曾指出，华为在数字化转型的过程中发现，各部门之间的数据通道和业务通道没能完全打通，数据孤岛和业务孤岛导致大量数据和业务不能被有效利用和变现，这些都阻碍了企业顺应数字化时代的发展。针对这一问题，他强调华为要围绕企业核心业务，打通企业上下游生态链，连接业务和系统，实现企业之间的业务能力共享。华为在数据方面，致力于融合系统间的多源异构数据，实现数据资源共享；在空间方面，融合各种新 ICT（即 Information、Communications、Technology 三个英文单词首字母的缩写）技术，连接 OT 与 IT，统一服务接口，实现多系统间的协同。由此可见，数字化在企业打造生态系统方面发挥着重要作用，数字化为打造生态企业提供助力的同时，良好的生态链又为企业更好地适应数字化时代的发展奠定了基础。

在经济形势面临巨大挑战的 2020 年，数字经济也对数字化和实体经济的深度融合提出了新要求。华夏新供给经济学研究院首席经济学家贾康曾表示，数字经济平台在帮助小微实体企业发展方面做出了非常大的贡献。以 2018 年的数据为例，在没有线下网点的情况下，基于云计算、大数据等技术的"互联网银行"蓬勃发展，据报道，2018 年网商银行为小微企业放贷 1 万亿元，服务了超过 1500 万家小微企业，其中 100 万元以下的贷款占比高达 96%。除此之外，互联网银行还建立了税银互动生态平台，可触达的纳税企业达到 1000 万户，户均授信额度提升了 10 倍，贷款规模增长了 400 亿元。这些数据进一步表明，数字化为释放数字红利、打造生态企业和平台做出了巨大的贡献。

第二章　企业数字化的进与退

　　数字化转型是未来的必然趋势，目前其应用领域正在向政府管理、金融、零售、农业、工业、交通、物流、医疗等大多数领域覆盖，即从消费互联网走向了工业互联网。2018年国际数据公司的一份调查显示，全球1000强企业中的67%、中国1000强企业中的50%都已经把数字化转型上升至企业的战略高度。对于传统企业，尤其是中小企业而言，数字化已经不再是一道远在天边的选答题，而是一道迫在眉睫的必答题。然而，数字化转型绝不是一蹴而就的，企业的数字化之路可能会陷入困局，例如找不准自身在新时代的定位、找不到数字化时代自身的核心竞争力、不能迅速面对市场变化、无法有效评估数字化转型的效益、难以将原有业务与数字化有效融合以及数据资源利用不充分等。如果没能提前做好规划，那么企业在应对这些数字化困局时将产生较大的机会成本和沉没成本。

第一节　数字化时代的重新定位

现如今，科技改变着人们日常生活及工作的方方面面，数字化的新时代已经来临，"时间轴变短"是这个时代的显著特征，它主要表现在：整体竞争环境更加激烈、用户需求更加多样化、信息的传播方式更加多元化。新时代的一系列变化对企业的定位提出了新的要求，企业应更独特、更灵活、与消费者的联系更紧密。所以，企业需要完成更精准的市场区隔，采用更灵活的定位策略，建立更完善的传播矩阵，以此实现新时代的企业定位。

一、经营环境的新变化

2020 年的新冠疫情引发了全球经济变化，由于这类事件有着复杂的关联属性，人们对其产生的影响充满未知，也没有可以效仿、学习的应对措施。这场疫情向我们揭示了一个不得不面对的事实：我们正处于一个"VUCA"的时代。

什么是"VUCA"？"VUCA"在 20 世纪 90 年代被提出，它是由易变性（Volatility）、不确定性（Uncertainty）、复杂性（Complexity）和模糊性（Ambiguity）这四个英文单词的首字母组成的缩略词。易变性指事件的发生是意想不到的，而且事件的走向充满变数，维持的时间也是未知的；不确定性指事件的相关信息不明了，其原因、结果和影响都是不确定的；复杂性指事件与诸多变量有直接或间接的联系，从而难以清晰、全面地分析事件并预测结果；模糊性指事件的因果关系不清晰或是没有可以参考的先例。如今，商业和社会环境时刻处于变化之中，而具有多重含义的"VUCA"可以恰当地描述当前时代的特点。

具有 VUCA 特点的时代影响了商业和社会格局，改变了现有的市场环境。在 VUCA 时代，市场环境主要在竞争环境、用户需求和传播方式三个方面发生了变化。

首先，竞争环境变得极度激烈。除了要面对同行业的竞争对手，企业还要当心跨界的对手和技术变革带来的冲击。随着国际化进程的加快，竞争环境变得更加复杂，我国的企业在"走出去"开拓新市场的同时，国际大企业、大品牌也相继进入国内市场参与竞争。国家统计局数据显示，截至 2018 年年末，已有近 60 万外商投资企业进入我国市场。此外，新技术的发展和推广也使得各行业间的界限被淡化，这加剧了竞争环境的易变性，最终打败企业的竞争对手可能不是同行，而是跨界的外来者。比如智能手机、互联网等技术的广泛应用以及 O2O、C2C 等概念的流行使外卖行业得到了迅速发展，但这又导致速食行业急剧萎缩。VUCA 新时代，在竞争中重创速食行业的居然是外卖行业，这就应了大家经常用来调侃的那句话："赢了对手，却输给了时代。"

其次，用户需求日趋多样化。大量的数据汇聚让用户画像变得更加具体，用户需求也随之走向精细化。中国互联网络信息中心的数据显示，截至 2019 年 6 月，我国网民接近 9 亿人，互联网普及率超过 60%，如此多的网民为电子商务提供了庞大的客户群体。受区域、收入、年龄等因素的影响，不同用户的消费需求被划分为不同层级。例如，相比一二线城市，三四线城市网购用户的主要需求是性价比，他们追求中质低价，鉴于此，专注下沉市场的电商平台，如拼多多得以迅速崛起。"90后""00后"等年轻一代相比"70后""80后"更注重个性化的表达，所以那些强调与众不同的小众品牌更切合他们的需求。

最后，传播方式正在发生改变。传播媒介和传播渠道的多样化改变了企业与消费者的关系，消费者获得了更多的主导权。移动互联网的普及使传播的主要媒介从电视、计算机等变为智能手机等移动终端。传播渠道变得更加丰富，传播方式也不再局限于传统的官方图文或者视频广告，出现了博主、网红等以短视频等各种形式开展的社交传播，这使得消费者不再只是被动的接收者。面对过饱和的信息，消费者不仅掌握了接收信息的选择权，还可以通过社交平台成为信息的发布源。

面对 VUCA 时代竞争环境、用户需求和传播方式三个方面的变化，企业需要重新找到自身定位，这样才可以应对挑战，抓住机遇。

二、在不确定中寻找企业的"锚"

1. 对企业定位的新要求

"定位"这一理论由艾·里斯与杰克·特劳特于 1970 年提出，他们认为，客户的心智容量是极其有限的，在说到一种具体的需求或者一类物品时，人们只能记住或想起 1 ~ 2 个品牌，而企业需要做的是在顾客的心智中占据一个特定位置，并且持续不断地强化这一认知，最终达到品牌宣传的目的，即一提到某一领域，用户首先想到的就是该企业或品牌。"定位"理论至今已问世 50 年，其间有无数经典的案例证明传统的定位策略成功帮助企业获得了辉煌成就。然而，近几年随着科技水平的不断进步，世界变化越来越快，信息的过度饱和使影响事物发展的不可控因素随之增多，传统的定位方式有了一定的限制。在 VUCA 新时代，由于竞争环境、用户需求和传播方式的变化，传统定位理论的静态局限性越发明显，用传统传播方式实现的企业单一定位越发难以满足激烈的竞争和消费者时刻变化的需求。新时代，企业对于定位有了新的需求，企业的定位需要更独特，它们希望定位紧跟时势并与顾客建立亲密的联系。

随着市场的进一步开放，行业边界渐渐被技术变革打破，更多的同行竞争者或跨行业革新者使行业竞争更加激烈，简单的产品定位很难保证企业或产品能在顾客的心智中继续占据并独享一个特定的位置，企业品牌在顾客心智中的定位需要更独特。以直播行业为例，2020 年有数十个直播平台，仅仅是专注游戏直播的平台就有斗鱼直播、虎牙直播和 YY 直播等，此外，作为直播的后起之秀，哔哩哔哩等视频网站也开展了游戏直播业务，参与到行业的竞争中。比如，哔哩哔哩的直播产品聚焦于二次元文化这一独特属性，现在人们一旦说到与二次元相关的直播，就会想到哔哩哔哩，这就是企业品牌在顾客心智中建立独特定位的典范。

企业的定位需要与时俱进，不能一成不变。在新时代，热点事件时时发生，定位虽不需要根据当下热点频繁调整，但应当把握当前主流消费者的习惯和诉求并适时进行调整。以"和其正"凉茶饮料为例，根据目前人们追求健康养生但又常常熬夜的生活习惯，以及追求低糖的大众趋势，和其正把产品定位从原来的"去火凉茶"调整成了"熬夜伤神补元气"和"低糖凉茶"，从而在加多宝和王老吉二分天下的凉茶市场上站稳了脚。

企业和消费者之间的关系需要更亲密。由于互联网和智能手机的普及，人们获取和发布信息的渠道愈加丰富，接触的信息较以往也大大增加，这改变了消费者和企业之间的关系。消费者掌握了更多的主动权，他们不再被动地接受企业宣传的信息。加之每天超量的信息轰炸，传统的通过广告宣传实现定位的方式对消费者的影响越来越小，而互动式的交流方式更有助于企业在新时代实现定位，这就是越来越多的企业把更多的精力和资源集中于社交媒体的宣传营销，也是企业延伸出"社交电商"新玩法的原因之一。

新时代产生了新的定位需要，所以企业应当在传统定位理论的基础上做出更贴合时代特点的改进，以此重新找到自身定位。

2. 新定位的三个特点

面对越发激烈的竞争环境、日渐多样化的用户需求和传播方式，企业需要重新找到自己的定位。但这并不意味着彻底否定和抛弃原有定位，而意味着企业需要在传统的定位理论中找到更精准的区隔、使用更灵活的策略和更完善的传播体系，从而帮助企业明确新时代的定位。

（1）更精准的区隔

传统的定位理论告诉我们，企业首先要找到合适的竞争定位，也就是寻找自身产品与其他产品之间的差异。这种差异化有助于企业抢占客户的心智，甚至会让品牌产品成为顾客的最优选择。然而，一味地追求与众不同是片面而不可取的，单纯的差异化缺少长期竞争的价值。寻找差异化之前应该先判断竞争共性。"共性做足，特性才能做透"，在竞争共性的基础上寻找差异化，找到更精准的区隔，这才是产品和品牌在新时代找到新定位的关键。

就如前面提到的，凉茶饮料市场主要有三大品牌：王老吉、加多宝以及和其正。三者在竞争时都使用了定位理论，王老吉的定位是"凉茶始祖"，加多宝的定位是"正宗凉茶"，二者都立足于"凉茶"这一竞争共性。而和其正，在早期的竞争中抓住了"大罐更尽兴"这一差异化的竞争点，忽略了"凉茶"这一共性，所以在后来复杂、激烈的竞争中，和其正逐渐被边缘化。目前，和其正的主要定位是"低糖凉茶"，这便是在回归竞争共性的基础上寻找差异化的结果。

所以，企业只有在准确判断行业竞争共性的基础上进一步寻找差异化，才可以找到更精准的区隔，从而在新时代找到更准确的定位。

（2）更灵活的策略

"定位＋配称"的框架，是传统定位方式常用的策略，它以产品为核心，针对特定的用户需求提出。但在新时代，由于技术的发展和人们生活习惯的变化，用户的需求也在时刻变化，所以具有一定静态局限性的传统定位理论不足以在新时代帮助企业在各种未知的、复杂的挑战中成功定位。

新时代的定位需要紧跟用户的需求变化，灵活调整策略。当用户对手机产品的主要需求体现为产品外观时，各品牌都把产品定位聚焦于好看的外观上，如小米手机曾经的宣传语是"一面科技，一面艺术"；而当拍照成为更热门的用户需求时，产品的定位又调整为摄像技术，如华为手机的宣传语是"4000 万徕卡三摄，AI 摄影大师"，小米手机的宣传语是"前后 2000 万，拍人更美"，vivo 手机的宣传语是"AI 智慧拍照，照亮你的美"，等等。

通过灵活的策略时刻调整产品定位，企业才可以在处于 VUCA 新时代的人们心中独享"与时俱进"的特定位置。

（3）更完善的传播体系

在互联网的推动下，社交媒体成为当下最重要的信息传播媒介之一。由于人们可以随时随地上网并在社交平台发布分享各种各样的内容，因此他们已经不再是传统媒体时代里被动的营销内容接收者，他们具备了更多的主动权，可以参与品牌定位和品牌塑造的过程并影响最终结果。在这样的时代背景下，企业需要建立更完善的传播体系，它们不再通过单向输出信息占据消费者的心智空间，而是充分利用社交媒体等渠道与消费者进行互动，使品牌营销达到最佳效果。

比如，三只松鼠，作为定位于纯互联网食品品牌的企业，其 2019 年全年销售额突破百亿元，是零食行业首家迈过百亿门槛的企业。三只松鼠在抖音平台的粉丝量、活跃指数都处于行业领先地位，这主要是因为企业牢牢把握了消费者群体的即时热点并与自身的形象完美融合。三只松鼠打造了"小贱""小酷""小美"三只分别具有爱卖萌、技术宅和现代女性特点的 3D 动画松鼠形象，并紧跟抖音的热点视频和拍摄手法发布诸多短视频作品，以此拉近与消费者的心理距离，赢得消费者的好感并成功"安利"消费者养成了多吃坚果零食的消费习惯。

在传统定位理论的支持下，企业在行业竞争共性的基础上寻找差异化，采用动态而灵活的、紧跟用户和市场变化的策略，以及完善并使用多样的传播体系，才能在新时代中重新找到自身的定位，更从容地应付各种"VUCA"事件。

第二节　经营管理的新挑战

在数字化时代，企业所处的商业环境和市场环境已经发生了巨大的变化，面对的客户也不再只有企业产品的接受者，客户需求和层次日趋多元化，基于大数据的竞争趋势日益明显。因此，在面对数字化时代的新型特征时，如果企业固守传统的企业模式，势必会在业务战略、企业文化、组织人员等方面出现诸多不适应。

一、更新管理模式

首先，在数字化时代，企业面临的商业环境复杂多变，市场竞争愈发激烈，企业原有的经营管理模式，即传统的业务模式、战略模式以及文化模式已不能很好地适应当前的处境。正所谓"沿着旧地图，一定找不到新大陆"，数字化时代不同于工业时代，如果还是沿用工业时代的那一套业务模式、战略模式和企业文化，企业势必会被新时代的市场竞争淘汰。与工业时代相比，数字化时代市场的关注点逐渐从大众转向了个人，这使得市场、产品、客户以及行业对价值的理解都发生了翻天覆地的改变。麦肯锡全球创新调查显示，

92%的商业模式无法在数字化经济时代正常运行，时代的变化迫使企业必须进行战略融合。此外，新兴企业和小企业往往在数字化时代会更主动地转变业务模式、战略模式和企业文化，努力适应数字化，这也导致如今不断迭代和改变行业的往往是小企业和新兴企业，大企业通常会因选择守住原有优势，不愿意重新定义业务、战略和企业文化，以免错失市场甚至被颠覆。也就是说，数字化时代带来的变化使得企业的规模大小变得不再那么重要，企业发展的规则被重塑，固有的经营管理模式已不再适用于数字化时代的企业。如果企业执意固守传统的业务模式，极有可能会在市场竞争中被新兴企业或小企业颠覆。

其次，战略模式是一家企业进行经营管理规划的核心。企业要想在市场竞争中把握方向，占据市场份额，必定要制定合理的战略规划。数字化时代的市场特征大大区别于传统工业时代，要适应数字化时代，就要优先进行观念的更新以及思维的革命，从而实现战略模式的转变。传统的企业战略模式大多是通过分析价值链制定企业战略，但是在数字化时代，企业的竞争不再局限于某一个环节或者某一个节点，而是扩展到了整个企业生态系统。因此，如果企业仍然按照传统的战略模式进行企业战略规划，局限于构筑一个以用户为核心的价值网络，那么企业将会陷入简单的线性思维或机械模式中，其经营管理模式会渐渐僵化，难以适应数字化时代日新月异的商业环境和市场竞争，最终因战略规划不当错失市场或被市场淘汰。

最后，企业文化是一家企业的精神支柱。传统的企业文化往往更重视经济利益和生产效率，因此容易忽视对企业员工的人文关怀，团队建设方案也相对程序化。而新时代背景下，企业员工大多出生、成长于千禧年之后，他们伴随着智能手机、计算机以及互联网技术长大，因此更具有数字化意识。此外，新时代的员工更加追求自主性，也更加重视企业的人文关怀等文化内涵。因此，传统的企业文化不再适用于新时代的员工。如果企业固守传统的企业文化，不将数字化的时代特征囊括于企业文化建设中，将会使员工没有归属感，员工的工作积极性和创造性下降，企业没有凝聚力，企业在市场竞争中也就不具备人才和人员优势，甚至因人才流失而处于竞争劣势。

数字化时代的企业与外部联系更加密切。客户的需求以及供应链上下游合作企业的企业文化都对企业生产经营有着重要影响。日本 7-11 便利店创始人铃木敏文曾表示，"组织要建立在企业之外"。若企业像传统工业时代一样，在建设企业文化时不考虑外部网络的文化内涵，企业在数字化时代就会因不能及时、准确地把握客户的文化内涵需求以及供应链上下游的文化理念而难以实现稳定生产。

综上所述，原有的企业经营管理模式会造成企业在业务经营、战略模式和企业文化建设等诸多方面不适应数字化。如果企业固守原有的经营管理模式，将时刻面临着被市场淘汰或被颠覆的结果。因此，企业要努力转变经营管理模式，使其与数字化时代特征和需求相融合。

二、重塑组织结构

传统的金字塔型管理模式虽然结构严谨、等级森严、分工明确、便于监控，但这种模式会带来组织僵化、管理效率低下、管理成本较高和上下级沟通困难等问题，运用这种管理模式的企业也不能在快速变化的市场环境中迅速地做出决策。此外，传统的企业管理者更关注市场营销、商务谈判和文化传播，而有时则会忽视用户体验、团队管理和创新推动等方面。如果企业在数字化时代仍沿用这种传统的管理模式和思维方法，就一定会出现执行力降低、忽视用户体验、创造性降低、指标虚假繁荣以及团队满意度下降等多重问题，以致逐步失去消费市场。随着经济全球化和互联网技术的迅速发展，产品和技术也在迅速地向产业化、规模化、市场化和国际化的方向发展。技术发展和消费需求的变化，意味着传统组织模式中甘特图①式的长期规划，比如在技术达到 100% 成熟时再推向市场的决策模式已经不适应现有的技术竞争市场了。数字化时代更需要企业以最敏捷的方式占据市场，以最快的速度将不那么完美的产品推向市场，在抢先占据市场的前提下，积极接受市场反馈，并根据这些反馈完善产品。固守传统甘特图式的决策模式，试图采用一次性满足消费者需求的一劳永逸的产品上新模式，势必会使企业错失市场先机，从而降低企业的市场竞争力。

这一切都表明传统金字塔型管理模式以及相对封闭化的人员思维不再适应数字化时代的快速变革，这就要求企业能采取应对措施，结合数字化时代的特征转变企业管理模式，培养数字化企业人才，提高组织人员的敏捷性，从而及时、准确地把握外部环境变化并迅速适应外部环境的不确定性。

---

① 甘特图：其内在思想简单，即以图示的方式通过活动列表和时间刻度形象地表示任何指定项目的活动顺序与持续时间。

第三节　数据能力赢得未来

当企业确立了其在数字化时代的定位后，就需要挖掘自身的核心竞争力，以确保有足够的实力支撑企业定位的实现。针对在数字化时代找不到核心竞争力的难题，企业需要意识到新时代竞争的核心内容已从产品和企业形象转变为数据，并且新时代对竞争力的要求也相应转变为获取数据、整合数据和应用数据这三种新能力。

一、数据运用成为普遍短板

随着越来越多的企业重视数字化，越来越多的企业也都认识到了数据的重要性，开始有意识地累积数据资源。在大数据时代，无时无刻都有海量的数据产生，过去两年中的数据增长量就已经超过了人类自结绳记事以来的数据总和。然而，只有一小部分企业真正充分利用了所掌握的数据，使其转化为商业价值。

对比累积的数据量和其带来的价值，企业会发现，当前数据的使用效率远远低于预期。因此，高效利用数据，把数据资源转化成经济利益也是企业数字化的重要目标，更是一大难题。想高效利用数据，企业首先要理解自身对数据的需求，有针对性地获取优质数据，并充分挖掘这些数据背后的细节，而不是一味地搜集数据——数据并不是越多越好。此外，数据的角色是向导而不是指挥官，利用数据时要结合自己的经验、分析和直觉。更重要的是，在利用数据时要保障信息安全，否则数据可能会反过来损害企业利益。

　　作为数字化时代的基础，数据在每一个行业和业务职能领域中都几乎已经是重要的生产因素。并且，每时每刻都有大量的数据生成，数据是重要且快速变动的。

　　互联网数据中心（Internet Data Center，IDC）2019 年的报告预测，2020 年全世界每个使用互联网的人每天平均会有 1426 次数据互动，是 2010 年的近 5 倍，而 2025 年这个数字预计会达到 4909 次，相当于每 18 秒产生 1 次数据互动。

　　数据的爆炸性增长给现代商业模式带来了一场前所未有的变革。在当前最热门的互联网行业，巨头公司的市值几乎都建立在其掌握的庞大用户数据基础之上。Facebook 通过挖掘 25 亿用户的数据并将其商业化，建立了价值超过 6000 亿美元的产业。

　　仅在 2017 年，Facebook 平均每位用户就为其创造了价值 227 美元的利益。越来越多的企业家都认可数据的价值，开始有意识地累积数据资源，投资应用大数据。

　　尼尔森在 2018 年公布的报告指出，在中国，有 59% 的企业已经成立了与数据分析相关的部门，有 27% 的企业计划成立数据部门；同时，有 35% 的企业已经应用了大数据，有 23% 的企业计划在未来一年内应用大数据。

　　然而，数据资源的价值还远远未被完全开发。以汽车行业的数据利用为例。麦肯锡的一份报告显示，到 2030 年，基于汽车数据驱动的服务市场将达到 7500 亿美元的规模。这吸引了包括通用、福特和丰田等整车厂商以及如谷歌、阿里和腾讯等互联网运营商积极地开发部署车联网①系统，希望通过前装或后装的方式尽可能多地获取行驶数据和交通数据。此外，不仅体量较大的公司在布局整个车联网行业，很多体量较小的公司也已经通过运用车数据在传统汽车业务上实现了部分创新。例如，Waze 公司通过利用用户分享位置，以众包的方式提供地图导航服务，它于 2013 年被谷歌以 12 亿美元估值收购，帮助谷歌地图实现了更智能的导航功能。Metromile 公司通过汽车行驶里程数据为保险的定价提供参考与帮助，也达到了 10 亿美元的估值。然而，纵观整个汽车市场，目前真正被使用的汽车数据或行驶数据，只占所有被搜集数据量的 2.5%，那些真正有价值的、精准的用户数据并没有得到有效利用。

二、获取数据的能力

数据在数字化时代的地位，就如同石油之于工业时代一样重要。智能设备的普及和互联网技术的发展使得海量数据产生，如何收集数据资源并处理数据，如何将数据转化为利益产出，将成为数字化时代企业的核心要点。

1. 对内：提高企业运作效率

对企业内部而言，获取的数据更多地用于增加企业效益，如帮助企业减少不必要的开支或提升生产效率等。

通过获取大量的数据，并妥善利用这些数据，企业可以提高利润并加快

---

① 车联网：根据中国物联网校企联盟的定义，车联网（Interent of Vehicles）是由车辆位置、速度和路线等信息构成的巨大交互网络。

工作效率，从而提升竞争力。比如，通过智能仓库管理系统，企业可以更及时地了解库存状态，了解各类货品的变化情况，以此快速地根据变化及时调整货品的生产计划，从而减小仓库储存的压力并降低开支。再比如，人力资源管理系统除了可以加快基础的人事流程的处理速度之外，还可以帮助企业更全面地了解员工的工作绩效，快速、客观地评价各个员工对于企业的价值，并由此调整人力资源，提高整体工作效率。

2. 对外：加强市场感知

对于企业外部而言，获取数据的目的是帮助企业了解市场和消费者的实时信息，从而让企业找准自身的地位，制定和调整竞争策略。

企业外部的数据主要有两方面，即市场数据和消费者数据。想获取市场数据，企业一方面可以通过自己产品的销售情况预估一部分市场数据，另一方面可以与专业的第三方合作，委托对方进行市场调研，收集数据并形成报告。而消费者数据有着十分丰富的内容，除了包含某一类产品的相关数据外，还包含消费者当前的消费喜好、消费热点、消费结构等能为企业提供价值的重要数据。

获取外部数据后，进一步挖掘分析数据可以帮助企业及时、准确地了解自身在市场环境中的地位并时刻了解消费者群体的变化。例如，天猫通过比较历年"双 11"不同年龄段的消费者的占比，发现"90 后"的消费者占比逐年增加并已成为时下最大的消费群体。天猫由此调整了营销策略，开始采用更年轻、更新颖的营销方式，如启用更受年轻人欢迎的明星、网红、KOL 或通过短视频、直播和 Vlog 的方式为"双 11"活动造势，以提升电商平台的整体竞争力。

三、整合数据的能力

数字化时代是数据大爆炸的时代，越来越多的企业认识到了数据在数字化时代的重要性，但是一味地收集大量数据并不等同于获取了可用的信息，也不等同于能帮助企业创造利益，过多的数据信息甚至还可能会消耗企业的精力并影响计划的精确性和敏捷性。所以，企业除了获取数据外，还需要打通内、外部的"数据湖泊"，整合从各种渠道获取的数据，提炼出有用的信息。在数据和信息的基础上实现资源的整合也是企业在数字化时代的核心竞争力之一。

1. 内部结构优化，减少重复浪费

面对时刻生成的海量数据信息，企业首先要整合内部信息资源。整合主要包括四步，分别是统一模式、消除异构、应用大数据和安全管理。

第一步，企业要实现信息资源模式的统一。企业需要以业务为导向，汇总各业务最核心的、最需要共享的数据，并以此设立数据标准，以便日后将所有获取的数据信息按标准统一存储，各业务部门再从该数据库中读取信息。

第二步，企业要实现结构数据和非结构数据的融合。数据除了有数字形式的结构数据外，还有如视频、音频、邮件、图片等形式的非结构化数据，企业在整合信息资源时要构建合适的数据管理模型。

第三步，企业应加大对大数据技术的投资力度，综合运用云计算、分布式计算和数据挖掘等技术搭建大数据平台，以帮助企业实现整合后的信息资源高效利用。

第四步，对于整合后的信息资源，企业要注重数据的安全管理问题，可以通过与上下游企业以及安全管理机构、评测机构等第三方机构开展广泛合作，保障信息资源的安全。

在实现企业信息资源整合后，企业还可以在此基础上对企业结构进行优化与整合，进一步提升竞争力。整合信息资源时，企业往往会发现各业务或部门的工作中存在不少相似的流程环节和数据需求，那么企业便可以整合被多次调用的数据和相似的业务环节，并重新单独建立一个数据库或部门，专门负责提供常用的数据并完成相似的任务，以优化企业组织结构，减少重复建设带来的浪费。其实这也就是被广泛应用的"中台"概念，其中的数据库和部门其实就相当于数据中台和业务中台。

2. 外部资源整合，发现共赢机会

相比以往，数字化时代整合外部资源的范围更加广泛。由于信息量的指数级爆炸式增长与信息的快速传播，事物在互联网中的生命周期被大大缩短，且行业边界日渐模糊甚至被打破，这时企业对外部资源的整合不应局限在行业内的资源汇总与优化，而要结合流行热点，着眼于跨界合作，在更广阔的领域中发现更多机会并创造收益。

对于外部的资源整合，企业可以把自家产品和时下热点相结合。例如，

当美剧《权力的游戏》最终季成为各大互联网社交平台最热的话题时，奥利奥用 2750 块奥利奥饼干还原了该剧的片头，这也让奥利奥吸引了很多目光。

企业外部资源整合，还可以是跨行业的资源合作，追求商业模式的创新，敢于打破常规。例如，盒马鲜生就是传统超市、外卖和线上交易平台等多行业资源整合的产物，其既打破了超市行业传统模式，也拓宽了线上外卖的内容。在疫情期间，盒马鲜生更是创新性地和众多实体餐饮企业共享员工资源，从而实现双赢。

四、应用数据的能力

针对易变性、不确定性、复杂性和模糊性等数字化时代所具有的特征，企业要时刻准备根据正在发生或即将发生的事件调整策略和计划。但仅仅做好这些，还不足以应对数字化带来的挑战，除了灵活性，企业还需要具备敏捷性，即适应市场环境的不断变化并对产品或战略快速进行调整的能力，这也是数字化时代企业的一大核心竞争力。

在企业内部，这一竞争力具体表现为产品或服务根据市场需求变化而快速迭代并交付的能力。如前文提到的"中台"战略，就可以通过发挥敏捷性和灵活性，大大缩短产品推出和服务交付的时间，从而大幅度提升企业的生产效率。还有一个例子，芬兰的 Supercell 游戏公司就是一家具备敏捷性的企业。整个公司被分成多个 5 ~ 7 人的开发小团队，这些团队在公司强大的技术平台上进行游戏研发。由于有一个统一而完备的技术中台，这些小团队可以专注创新，而且小团队也意味着试错成本相对较低，产品的调整和修改也能快速执行。所以，Supercell 可以在短时间内开发多款游戏，并把更多的精力集中于测试调整，最后推出了多款风靡全球的游戏产品。

在企业外部，这一竞争力表现为通过数据资源准确判断当前市场竞争环境的情况，快速响应并做出计划调整的能力。美国电子产品零售商百思买（Best Buy）所售卖的产品超过 3 万种。由于产品种类繁多，成本在一年之中会多次变化，因此售卖价格也随地区和市场环境变动，所以企业很难制定最优调价策略并执行。而数字化解决了这一难题。定价团队通过收集大量的消费者购买记录建立了不同类型的客户模型，并针对不同客户的接受能力制定价位；通过观察社交媒体等信息交流平台上消费者对公司和各产品的情感态度，及时调整促销计划；通过数字技术获取实时的数据并在全球范围确保决策的下达与执行。这一系列操作让百思买可以及时、准确地判断当前的市场形势，大大提高了商品定价的准确度和响应速度。

第二部分

方法篇

在新时代背景下，企业面临着复杂多变的全新商业环境和市场环境，其在转型过程中不可避免地会出现诸多困惑。因此，企业要想在新时代竞争中保有优势地位，实现企业价值，数字化转型是重要举措，它甚至是企业在新时代的生存利器。通过与数字化的结合，企业可以将数据转化为生产力，把握消费者喜好和市场动向，降低试错成本和经营成本，迅速实现市场精准定位和风险预警，进而赢得市场优势，占据市场份额，更好地实现企业价值。

然而，数字化转型绝不是一蹴而就的，实现数字化的路径也并非坦途。从业务经营层面来看，企业传统的战略模式、业务模式以及企业文化都难以适应新时代的需求变化，这使得企业在进行战略规划和业务经营时，难以准确把握市场动向。而在企业新旧思想交替、业务发生变化过程中，不同层级、部门和人员的数字化文化融合成为新一轮的难点。

从组织层面来看，日益复杂多变、充满不确定性的商业环境要求企业必须具备足够敏捷的决策机制和员工反应,但传统的组织结构往往会呈现金字塔式的等级制度,决策流程烦琐,企业员工创造性不高,缺乏创造机会和创新欲望,进而导致企业在面临市场变化时不能迅速地做出决策,因此失去市场先机,甚至被新兴企业和新兴产业颠覆。

就算企业的上下游准备同心协力拥抱数字化,但从数据基础层面来看,企业仍然存在很多不足。传统企业往往对数据的重视程度不足,在制定战略决策时缺乏数据基础或者获取的数据信息不够准确,这容易使企业无法准确把握市场动向和客户需求,进而错失市场先机。现阶段也有另一种应对策略,就是先追求数字化技术等方面的提升或数据的大规模收集,以此完成数字化转型,但这种方法的投入较大且短期看不到明显收益,也很不可取。

那企业该如何实现数字化转型,构建未来新优势呢?对此人们众说纷纭,也很难得出唯一答案,说出哪个路径的对与错。本书根据已有的数字化实践以及抽象总结,结合部分企业的数字化转型历程,形成了数字化转型的"三力"模型;同时,结合"三力"模型,我们剖析了部分企业的数字化发展轨迹,期待这些内容能给读者提供更多的可借鉴之处,进而帮助企业更好地找到实现数字化的路径。

所谓"三力"模型,是指企业完成数字化转型所需要的三个关键能力,即融合力、敏捷力和数据力,本书分别从企业的业务经营、组织人员以及数据基础三个方面,分析如何打造企业数字化的核心能力(见图Ⅰ)。

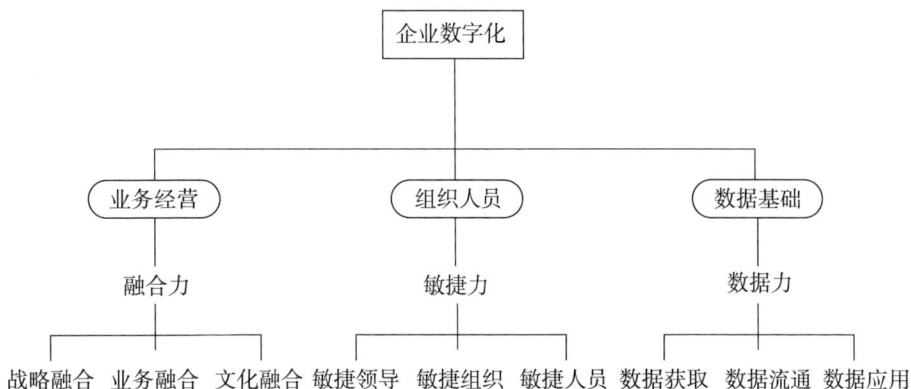

图1　数字化路径框架图

融合力主要是指企业在战略、业务以及文化层面与数字化时代发展需求进行融合，即从业务经营层面来促进企业实现数字化转型，从而帮助企业准确地判断时代的发展趋势。

战略融合可以帮助企业在战略上实现敏捷迭代，适应数字化的发展。业务融合主要分为企业内部融合和企业外部融合，融合范围包括从生产、运营到销售的整个价值链。从内部角度出发，在人工智能、区块链、云计算和大数据深入发展的背景下，各企业通过业务内部的生产和运营等环节的融合，可以充分配置企业人力，实现资源的最优配置，减少生产成本，扩大企业盈利的可能性；从外部角度出发，各行业的业务融合可以让合作双方或多方都发挥出自身的独特优势，实现强强结合。文化融合则是在企业文化层面，通过融合企业内部文化与数字化时代特征，提升企业的内部凝聚力；通过建立数字化企业外部文化，与比如客户、供应商之类的外部网络进行文化融合，继而提升企业与外部网络的合作黏性，提升企业的市场竞争力，促使企业更好地实现数字化转型。

敏捷力主要是从领导、组织、人员层面促进企业的数字化转型,通过提升企业领导的敏捷力、构建敏捷组织以及培养敏捷人员等方式提升企业应对数字化时代的能力,进而促使企业能够敏捷地应对市场变化和客户需求多样化。敏捷力可以促使企业在面临复杂多变的市场环境、迅速发展的科学技术以及日益多样化的消费者需求时,敏捷地把握市场动向,准确而迅速地确定企业的市场定位,从而提升企业在数字化时代的核心竞争力,更好地实现数字化转型。

数据力主要是从基础层面促进企业进行数字化转型,从数据获取、数据流通以及数据应用多方面加强数据的利用效率。数据在数字化时代的重要性已多次被提及,数据是企业竞争的重要武器。企业在实现数字化的过程中遇到的诸如难以把原有业务与数字化有效结合、数据信息质量欠佳以及数据过度分散等数据层面的困难,都要求企业应更重视数据力。数据力能够具有针对性地解决企业在实现数字化过程中的数据难题,实现数据的充分利用,从而促使企业更好地进行数字化转型。

企业的这"三力"并不是孤立存在的,三者相辅相成、互相促进。企业只有多措并举,将"三力"有机统一并全面提升,才能全面增强企业应对数字化时代的适应能力,更好地推动数字化转型,提高数字化水平。

本文在第一部分已经分析了数字化时代的特征、数字红利以及数字化转型困境,在此基础上,结合已有经验提出"三力"模型这一概念,并在接下来的章节中进行具体阐述以及案例分享,以期对企业的数字化转型有所帮助。

第三章　融合力

融合力是企业在执行数字化时必不可缺的三力之一，它包含战略融合、业务融合以及文化融合三个方面。战略融合的关键点在于企业需要把握数字化的趋势，改变在战略层面的思维模式、竞争模式和决策模式；业务融合是指企业在经历从信息数字化到业务数据化再到最终的数据业务化的过程中，结合数字技术与本身业务内容以实现数字化的生产、运营和销售；文化融合则需要企业结合数字化时代员工和消费者的特性，打造企业文化软实力以便更好地凝聚企业力量，塑造企业形象。三者结合起来便能打造"三力"中的融合力，帮助企业抓住并利用数字化的浪潮。

第一节　战略融合

企业的战略制定取决于两个因素：时代趋势和自身在竞争中的优缺点。其中，时代趋势尤为重要。阿里巴巴的曾鸣博士曾说："如果你对时代趋势判断错误，那么你所做的决定和你现在所做的一切都是错误的。"成功的企业管理者一定是在对的时间做了对的事情。如今，数字化这一趋势也势必影响企业的战略制定。目前，全球绝大多数的企业已经明确将数字化融入企业战略，而数字化转型与企业原有战略如何融合，也成为管理者面临的首要难题。

一、数字化的战略融合

战略融合的基础是企业原有战略，它的关键在于与数字化转型的融合。在这方面，华为的新旧使命对比就是一个很好的例子。华为在 2018 年之前的使命是"丰富人们的沟通生活"，2018 年后的新使命是"把数字世界带入每个人、每个家庭、每个组织，构建万物互联的智能世界"。华为 2018 年后的使命与之前相比，仍然保留了与"人们""沟通"相关的几个基本元素，这是企业对原有战略的保留。而融合是对企业已有战略要素和数字时代新增要素的配置与再生。在数字化转型的背景下，华为认为应该通过技术创新与客户需求的双轮驱动，做多连接、撑大管道、实现行业数字转型。而且，华为认为数字化时代新的战略增长点是万物互联、万物感知、万物智能。因此，华为在使命的表述中又融入了"数字世界""万物互联"和"智能世界"这几个数字化时代的特有元素，从而完全构建了华为的新使命。华为的新使命既保留了其原有战略的关键元素，又融合了数字时代的新元素。

二、战略融合的价值

沿着旧地图，一定找不到新大陆。工业时代和数字时代之间存在着巨大的鸿沟。在工业时代做得好的企业，未必能在数字时代也取得好成绩。时代的变化迫使企业必须拥抱战略融合，而从工业时代到数字时代，市场的关注点已从大众转向了个人。相应地，企业对产品、市场、客户、行业的价值理解也应发生根本性的改变。以服装业为例，以前对于服装企业而言，最重要的是剪裁，其次是设备、设计，然后是品牌。但是，现在的行业核心变为客户数据以及版型数据库的大小，因为在数字时代，服装行业能够将版型数据库与客户信息进行匹配，实现个人定制并承诺送达时间。由此，整个服装行业的基础逻辑也发生了改变。而一旦行业被重新定义，行业的规则也将被重塑，所以固有战略不完全适用于数字化转型的企业的需求，战略融合势在必行。

数字时代下的战略融合可以帮助企业在战略上实现敏捷迭代。"唯快不破"的这种说法虽然有点老生常谈，但在一个指数级增长的数字世界里，速度仍是竞争的关键。企业战略融合能够使企业迅速启动，并在执行中快速迭代、持续优化。以阿里巴巴的天猫平台为例，自从该平台将数字化转型与战略进行融合，平台产品上新速度明显加快，如个人护肤品上新间隔的时间从 18 ～ 24 个月缩短到 9 个月，电器上新间隔的时间从 2 ～ 3 年缩短到 6 个月，等等。2019 年天猫的新品上新数上亿，远超过 2018 年的 5000 多万。这些成功的背后是天猫从战略方面积极与品牌厂商合作并构建了一套在数字世界中模拟消费者对产品进行评估、评价、反馈的新机制。由此，企业新产品的研发效率大大提高，从战略上为业务的敏捷迭代打好了基础。

数字时代下的战略融合可以帮助企业实现低成本甚至零成本试错。过去开发一辆新汽车，需要做 30 次碰撞试验，经历碰撞、再设计、再制造、再碰撞的循环过程，反复试验所需要的周期很长。而数字时代的到来使得企业可以通过仿真模拟测试获取所需数据，实际测试则只需一次，企业的试错成本、需要付出的资源和时间可以大幅降低。以 Space X 公司为例，目前其火箭发射成本已经降低到了传统商业发射成本的 1/10 以下，而这一优势的达成便是因为其在战略上紧紧与数字化时代进行了融合。原本在火箭研制的过程中，试射阶段不断地"试验、失败、修改"会耗费 75% 的总成本，但是 Space X 把数据利用提升到了战略高度，重构了火箭研发体系。他们通过仿真技术，在提高研制效率、降低成本的同时创新性地研制了新方法。此外，Space X 甚至还开发了计算流体力学的仿真软件，这是很难做到的。由此可见，在数字化时代，人们几乎可以将任何事物都以虚拟化的方式呈现，并进行模拟和优化，实现低成本甚至零成本试错。

三、战略融合落地的三个转换

从战略角度看，企业是资源集合、能力集合、战略集合的总集合体。资源集合由企业不同的资源元素，如社会可利用资源、文化资源、人力资源、信息资源等组成；能力集合由企业不同的能力元素，如公共关系能力、文化建设能力、作业能力、决策能力、信息处理能力、物资供应能力等组成；战略集合则由如社会资源开发战略、信息开发战略、研究与开发战略、创新创效发展战略等组成。企业在实施战略企图的过程中，能否最大限度地将其所拥有的资源转化为企业能力，企业能力的不断提高能否"反哺"或丰富企业的资源，企业的资源和能力能否对企业战略实施提供有效支撑，企业战略的实施能否不断丰富和积累企业资源、能否不断提升企业能力等，这些是十分重要的。换句话说，企业资源的集合、企业能力的集合与企业战略的集合三者之间的融合程度，是决定企业战略轨迹的重要因素之一。可以说，战略融合度是一家企业可以随时用来审视自我战略的指标，它可使企业发现致命短板，对于企业生存和发展至关重要。

企业的战略融合度是指其资源集合、能力集合、战略集合三者依靠"关系机制"所连接的"连接紧密程度"。例如，一个人可能拥有一定的资源，如知识、技能、资产等；具备一定的能力，如学习、作业、协作等，但如果他没有人生目标，或人生目标不明确，或不能将自己的资源、能力、目标有效结合并实践，就会得到不同的结果。同样，企业能否将其资源、能力、战略有效融合，也是能否不断实现短期目标并最终实现长期战略的关键因素。因此，企业战略融合度也是一个由企业能力发挥度、企业资源利用度和企业战略理解度三个维度所构成的象限集。这三个维度的数据主要由企业定期针对高层团队、中层团队、基层团队三个群体进行问卷调查获得，企业通过问卷进而获得企业的资源、能力、战略评价值，并将它们换算为企业在三维坐标体系中的位置。例如，当企业战略理解度大于零、能力发挥度大于零、资源利用度大于零时，企业管理人员对战略理解程度高，各种资源和能力就能得到有效利用与充分发挥，企业就处于良好的发展态势；而当企业战略理解度大于零，能力发挥度小于零，资源利用度小于零时，便说明其能力和资源都未得到较好利用。如果出现管理人员尤其是中高层管理人员对企业战略理解程度快速下降的现象，再加上能力发挥和资源利用得不充分，那么企业必将面临重大的战略风险。由此可见，战略融合度是一个复杂的动态值，它随着企业生命周期的波动，呈现有时提高、有时下降的趋势。因此，企业应时刻关注该指标，以便随时调整和把控战略。

1. 思维转换：从"价值导向"到"用户导向"

想适应数字时代，首先需要的是观念的更新、思维的革命。波士顿咨询公司的一项调研数据显示，全球 87% 的 CEO 认为他们没有适应数字化思维。战略思维的转换迫在眉睫。企业过去通常通过价值链分析制定战略，但是在数字时代环境下，企业的竞争范围不再集中于某一个环节和节点，而扩大到了整个生态系统。在这个过程中，用户扮演着极为关键的角色。要想实现战略融合，在战略思维方面，企业应该构筑以客户为核心的价值网络，并在此基础上实现从客户思维到用户思维的跨越。

（1）构筑以客户为核心的价值网络

以零售与新零售行业为例，传统零售行业的核心价值点是客流、货品和卖场。对于从事传统零售业的企业而言，最核心的一件事情就是选址。而新零售的到来直接打破了这一行业普遍认知。以苏宁智慧零售为例，其本质就是数字零售，需要企业拥有建立在数据化管理与分析基础上的零售经营能力，数字零售以支付数字化、用户数字化、商品数字化等，将零售服务中的每一个环节数字化。一方面，它运用技术解决线上线下的货源调配的问题，使得货源远远比传统零售充足得多；另一方面，新零售还提供支付与配送服务，为用户提供了更多的便利。可以看到，新零售不再如传统零售那般强调卖场，而是更关注用户体验。数字化让零售更智慧、更有人情味儿。除了新零售，作为 2020 年首个融资过亿的项目，白家食品将美食的方便程度彻底精细化。此外，小熊电器也能针对所有家电选项，定制适合一人使用的场景方案和单品。这些企业都将客户从价值网的边缘拉至价值网的核心，使得客户不再是单向的价值接受者，而是最重要的价值创造者。

（2）客户思维到用户思维的跨越

所谓客户思维，是指企业和客户是一次性的交易关系；用户思维则是指企业和客户是终生的使用关系。客户关系和用户关系的本质区别在于企业的产品是否已经实现数字化并连接到网络，例如从单纯的电视机到智能电视，从功能手机到智能手机，从线下到线上。当下的消费者正从只有一次买卖关系的客户，变成高频使用服务的用户。只有产出、积累、沉淀数据的企业才有未来，因为没有数据，企业就无法了解用户、洞悉需求。以特斯拉为例，为什么它能够冲击庞大的汽车行业？是因为它让人们开始认识到自动驾驶这种全新的技术将以深刻的方式改变世界。而这一技术的实现也需要大量的数据采集、分析和优化。具体而言，特斯拉会将尽可能多的传感器放入已售汽车中，并从这些传感器中尽可能收集数据。然后，随着各种自动驾驶里程的累积，它可以在软件更新时将新获取的数据推送到汽车上。而这种过程的不断循环将会形成赢家通吃效应：特斯拉将拥有更多数据，而更多数据会进一步让它的自动驾驶做得更好，因此会有更多的特斯拉汽车被购买，然后再产生更多的里程和数据，而现有汽车厂商无法实现这个过程。因此，企业在数字时代下应该做好战略思维转换，即从打造封闭的价值链核心竞争力到构筑开放的价值网生态竞争力。

2. 模式转换：从"有限游戏"到"无限游戏"

这个世界上存在两种游戏：一是有限的游戏，其目的在于赢得胜利；二是无限的游戏，旨在让游戏永远进行下去。有限的游戏在边界内玩，无限的游戏玩的就是边界。企业战略模式亦是如此。传统的企业战略模式是有限游戏，各企业间是此消彼长的竞争关系，是在市场规模既定的情况下，企业着眼于市场份额的竞争和厮杀。此时，企业能做什么由拥有的资源和条件决定，做什么则受产业条件限制。而数字时代企业的战略模式是无限游戏，是彼此共生的生态关系。企业能做什么被跨界影响，可做什么取决于对外的连接程度。因此，在数字时代，企业在进行战略融合时应将战略模式从"有限游戏"转换为"无限游戏"，在不断创造新需求的过程中实现整体生态价值的增值。

用户是不断变化的目标群体。企业必须意识到仅凭一己之力不可能彻底洞悉市场，也不可能掌握所有数据。无数的历史经验告诉我们，丰富的信息交换正在快速成为高效合作的新常态。过去的贝尔实验室、施乐帕克研究中心的失败，都佐证了封闭式创新容易导致企业与新一轮技术革命的"新大陆"失之交臂。贝尔实验室的晶体管技术衍生出了英特尔等第一代"信息化原生公司"，而施乐帕克研究中心的用户图形界面系统则为苹果、微软做了嫁衣，二者肥水皆流外人田。而至今位居美国市值前列的苹果、微软、亚马逊等公司则分别开垦出了 iTunes 音乐平台和苹果商店应用软件平台、Windows 操作系统平台、亚马逊电商平台等各类平台，吸引了庞大的生态伙伴群落。这些生态伙伴的创新又不断"反哺"平台，激发平台完成自身的更新换代。如此，众多创新主体交叉干涉、动态迭代，最终形成庞大且充满生命力的创新雨林。正如新华三集团联席总裁兼中国区总裁王景颇在 2018 NAVIGATE 领航者峰会上所言："边界限制了我们的思维和想象力，数字化时代，无界生态才是未来。"企业只有在战略模式上摒弃某一家赢得胜利的有限游戏模式，通过生态协作，不断拓展边界和可能性，才有可能在数字时代生存。

在这一方面，新华三集团起到了很好的示范作用。该企业在 2018 年提出了"融合平台、无界生态"战略，整合并建设了五大融合平台，分别为融合技术平台、融合营销平台、融合运营平台、融合服务平台、融合人才平台。在融合技术平台方面，该企业希望打造一个向多行业用户提供应用引擎、基础设施乃至服务支持的数字化平台。融合营销平台则可以实现新华三、合作伙伴与客户三者之间的营销平台共用共享，打通多方的市场、渠道、商机与品牌，提升整体实力。

融合运营平台是指以现有平台为基础，以合资或运营分成的模式参与行业云平台运营。融合服务平台是指通过咨询设计、整合交付、智能运维三个层面构建全方位的服务支撑体系。其中，咨询设计将打通解决方案端到端的顶层规划，整合交付会促进新华三与合作伙伴联合研发、交付聚焦于应用场景的解决方案，智能运维则会推动一体化运维的交付能力。最后融合人才平台是指新华三通过同认证机构合作，释放前沿技术的教学资源，共同向市场构建人才培养体系。由此可见，融合技术平台为新华三集团的"无界生态"提供技术可能；融合营销、运营和服务平台，为"无界生态"的多方主体赋予市场、运营与服务能力；而融合人才平台则将为"无界生态"持续输送跨界人才。新华三所推动的这一新战略不仅重新定义了数字化时代生态合作的价值观，更是其希望同合作伙伴共享数字化时代成长红利决心和信心的体现。

除了新华三集团外，许多企业也在各自领域开展了"无限游戏"的战略模式尝试。例如，通用电气和英特尔合作建立了 Intel-GE Care Innovations，该公司汇集了超过 68 亿条患者信息，为医疗保健行业的用户提供解决方案以改善保健服务。与此同时，中国也有越来越多的企业通过建立"用户 ID"打通其他电商平台和社交平台，探索了跨平台、跨领域的用户数据挖掘。

3.决策转换：从"大步慢走"到"小步快跑"

"建立可持续的竞争优势"是大部分企业战略决策的核心，但这样的战略决策制定方式无法被效仿。尽管确实存在如通用电气、宜家和联合利华等企业能创造并长时间地保持竞争优势的企业，但能做到这一点的企业实在少之又少，许多企业的竞争优势常常会在一年内消失殆尽。可以说，这些企业采用了一种"大步慢走"的战略决策方式。耗时数月来制定长期战略对企业而言得不偿失，这对于变化速度加快的数字时代而言更是如此。因此，在数字时代下，企业需要在战略决策方面实现从"大步慢走"到"小步快跑"的转换，这也是企业成功实现战略融合的关键之一。所谓"小步快跑"是指企业在战略上快速迭代，同时建立并利用多个瞬时优势，以最小的成本找到问题的最优解决方案。尽管瞬时优势的持续时间短，但多个瞬时优势组合在一起便能保证企业在较长周期内取胜。目前，美利肯、高知特等不少公司已经做到了这一点。这些公司都鼓励持续性变革，认为战略是流动的。可以说，在数字时代的今天，建立可持续竞争优势的战略决策方式已经逐渐被边缘化，以瞬时优势为导向的战略决策方式成为新的标杆。

"小步快跑"的战略决策方式包括六个步骤。

第一步：定原型。战略原型是明确战略方向、制定目标、设计战略模式、抓住战略的关键成功要素，是定能力、定缺口、定战略举措，它是开展试错、反馈、优化等后续工作的基础。

第二步：快。正所谓"兵贵胜，不贵久"，因此，战略迭代必须要做到战略推出快和战略更新快。

第三步：反馈。构建战略反馈机制，根据实时反馈的数据快速进行战略调整。

第四步：试错。犯错并不可怕，可怕的是缺乏试错的勇气。淘宝推崇野蛮生长的文化，多数创新都是自下而上涌现的。可以说，战略试错非常重要，企业需要将核心思想拿出来做实验，从而试出最有价值的战略。因此，试错的重点在于找出核心痛点、验证战略并发现错误的部分，避免隔靴搔痒和战略偏差。

第五步：小。试错是需要成本的，采用化整为零的方式重点突破，可降低战略的试错成本。

第六步：优化。只有不断优化、持续改善，才能使自己立于不败之地，每次迭代对战略来说都是一次跃升。

由此可见，"小步快跑"的核心就是制定每个阶段需要完成的目标并缩短决策周期。其背后逻辑共分四个环节：环节一是描述，即在虚拟世界中描述现实世界发生了什么；环节二是洞察，即为什么会发生及事物产生的原因；环节三是预测，即预判将来会发生什么；环节四是决策，即判断应该怎么办并提供相应解决方案。亚马逊便采用了一条始终贯穿业务流程的战略逻辑——不断上线、迭代、优化。由此，其战略就像是巡航导弹，先发射，然后在飞行的过程中不断修正飞行的路线，进而快速适应外界环境变化。

第二节　业务融合

随着数字化进程的加快，各行各业为了进一步获取市场资源与份额，纷纷踏上数字化转型之路，试图通过移动化、智能化和数据化给目标客户带来更便捷的服务、更实惠的价格和更好的体验。每一个业务环节都包含数字化融合的空间与融合的价值、业务融合的难度、对原有业务影响程度等多个维度，企业可选择的业务价值明显，可以从相对容易实践的角度切入，分阶段进行融合，在尝试到数字化的价值之后，逐步优化迭代，最终实现全业务链条的数字化，从而为实现数字化的转型与赋能提供新动力，实现新旧动能的升级。

企业各业务与数字化的融合可以从两个角度来理解，即企业内部融合和企业外部融合，它的融合范围包括了从生产、运营到销售的整个价值链。

一方面，从内部角度出发，各个企业在生产或提供产品和服务时，会在内部分配每个员工的职责与角色，使每个环节之间都存在一定的联系，而在人工智能、区块链、云计算和大数据深入发展的大背景下，各企业正在谋求各业务在内部生产和运营等环节上的融合，以充分配置企业人力，实现资源的最优配置，减少生产成本，扩大企业的盈利面。

另一方面，对于企业外部而言，业务之间的数字化融合可以是同行业的，也可以是跨行业的，甚至可能是整个市场生态圈层面的协同发展。各行业的业务融合可以让双方或多方都发挥出自身的独特优势，实现强强结合。

一、业务和数字化融合的关键诉求

随着在数字化转型过程中获得洞察力，占据价值链的核心位置，这种数字化必将引领企业实现由传统竞争模式向数字化时代新的竞争模式的发展，优化与目标客户之间的交互，实现产品、流程和数据处理的优化升级，在降低企业成本的同时增强为客户服务的能力。在这个整合优化过程中，业务希望科技可以扮演更为关键的角色，为实现企业的个性化、平台化和智能化服务发挥主导作用。

1. 个性化

移动互联时代，人们更加关注个性化，各企业因此需要更加关注客户的体验，提供更加精准、更加多元、更加个性化的服务。以往有关客户需求的数据分散割裂，采集、整合、分析和使用的成本过高，因此，个性化服务更多集中于为企业带来更多收益的高端客户群体，忽视了中低端的客户数据需求。随着大数据、人工智能、移动互联网等技术的发展，企业可以以更低的成本、更广泛的渠道来采集和分析数据，了解多层次客户的个性化需求，为广泛的零售客户提供个性化服务，提高客户的忠诚度。

2. 平台化

满足多样化服务需求已经成为各企业优化服务和产品时的重要目标，即通过业务融合渠道，实现内外部客户服务整合，提升客户的服务体验。在流程优化支持方面，企业可以实现跨角色、跨时序的业务流程定制与编排。同时，客户服务的整合与建设提高了企业快速创新和部署产品的能力，支持企业的灵活定价，并提供全行业统一的客户视图。在互联时代，数据共享成为可能，数据成为核心的生产要素，企业可以充分利用各方面的数据资源，实现服务渠道线上化、风控模式数据化、服务方式智能化，为各类客户群体提供全面、精准、个性化的服务，满足客户不断发展变化的各种市场需求，以实现资源的有效整合和多赢共享，并与客户建立更为紧密、全面、深入的新型合作关系。

3. 智能化

人工智能可以使大数据之间潜在的联系显现。通过运用丰富的数据资源，辅之以人工智能等科技，挖掘出数据之间多层次的关联与关系，发现各层次客户的潜在消费需求，提供因人而异、随时随地的定制解决方案，例如智能推荐、提前预判、智能客服、智能监控等。而且，人工智能具有自我学习、自我进化的功能，企业可以从历史数据和经验中不断挖掘出新的、有价值的信息，并在数据中发现自身所具备的独特的服务方式和模式，开创新的服务领域或提出创新式的服务战略，以此带来越来越多的新模式和新业态，使企业服务由模式化转向定制化、个性化。毫无疑问，在各行各业进行数字化转型时，科学技术贯穿了个性化、平台化和智能化的各个阶段。

二、数字化让研发投入更可靠

面对智能制造、供给侧改革、消费升级等社会发展趋势，数字化创新成为每家企业都必须面对的问题。为了处于引领地位，在从传统企业向数据化集团转型的过程中，企业要对创新有自己独到的见解。尤其是对于产品服务类公司而言，将产品设计与数字化进行融合有利于构建数字化产品设计的研发体系，也有利于制定可以为创新保驾护航的企业战略。

以美的集团为例，为了更好地实施创新驱动发展战略，美的建立了从先行研究到产品开发的四级研发体系。美的集团副总裁、CTO[①]及美的集团研究院院长胡自强介绍称，四级研发体系包括各个事业部研发平台和美的研究院，它使美的可以运作共性技术并开发未来储备型技术。事业部致力于产品开发和个性技术的研究，美的研究院则专注于前瞻性、基础性技术的研究与颠覆性、前瞻性技术的创新。

其实，在传统的产品研发流程下，由于过度依赖样机的测试，研发团队通常比较痛苦，他们需要不断进行结构设计、样机测试验证，并通过样机的不断迭代达到开发目标。这往往会导致产品研发周期过长，成本较高，且难

---

① CTO：首席技术官（Chief Technology Officer）。

以精确定位产品的市场需求。而数字化设计则是通过数字样机和数字实验，循环优化产品设计，让样机验证最终方案。整个流程中的所有实验都由数字样机实现，它就像是真实产品的"数字化的双胞胎"，具有真实产品的所有信息。

作为全球手机行业的佼佼者，华为也曾遭遇发展的瓶颈。随着公司规模的迅速扩大，华为的产品线越来越长，研发效率、产品质量与响应速度等问题越来越多：不够重视产品的可靠性与稳定性，产品交付质量不稳定，频发的售后服务问题，缺乏结构化端到端的流程，运作过程割裂，内耗严重，等等。因此，华为在 1999 年引进集成产品开发（Integrated Product Development，IPD）系统，虽然耗资 5.8 亿元，几乎投入了华为当时一年的总利润，但这也是华为由优秀走向卓越的关键一步。IPD 的核心是要形成由市场行销、研发系统、生产、用户服务、财务、采购等多部门人员组成的贯穿整个产品业务流程的管理模式，即从客户需求、概念形成、产品研究开发、产品发布等，一直到产品生命周期的完整的管理过程。而贯穿整个设计研发过程的、各方沟通和决策所依赖的都是数字化。在数字化的助力下，各个部门快速响应市场变化，高效协同，研发出满足和引领市场需求的产品与解决方案。

仅仅三年，华为的产品上市时间就大大缩短，高端产品上市所需时间从 70 个月减少为 20 个月，中端产品从 50 个月减少为 10 个月，低端产品更是降低到 6 个月以下；研发费用占总收入的百分比从 12% 减少为 6%，下降了一半；研发损失更是减少了近 3/4，从起初的 25% 减少为 6%。

据统计，数字化设计不仅可以让产品研发周期缩短、研发费用下降，还可以实现产品设计数据的全球共享，让全球性的协同开发成为可能，以便更好地挖掘产品的潜力。因此，对于产品服务型企业而言，实现产品设计与数字化的融合是推动企业数字化转型中极为关键的一步。

三、数字化推动柔性生产

在各行各业实现数字化转型的过程中，数字化生产是整个产业链生态系统中的第一维度。数字化生产是指产品在生产制造过程中，结合数字化技术，以数据来驱动产品设计、规划及生产制造等过程的进行。

以离散制造型企业的生产车间为例。首先，在生产车间内，所有的数据全部可以呈现为透明化的状态，能够实时、准确地跟踪与记录人员、设备状态和订单进度等一系列数据；其次，在生产车间人员的配置和设备的启停等方面，可以利用计算机来模拟实地工作环境，以此对整体调配进行优化，指导生产，进而实现人员、设备的高效利用；最后，在这个数字化的过程中，最显而易见的益处是，它可以用人工智能系统和数字监控各个生产过程的KPI，替代企业完成各种烦琐、易出错的人工监控环节。在与数字化进行融合的过程中，企业价值链之一的生产环节将会得到全方位的优化。

1. 运用数字化实现设备互联

通过设备的互联互通，机器人等数字化设备可以做到程序网络共通、数据远程采集、程序集中管理、大数据分析、可视化展现和智能化决策支持等，设备由以前的单机工作模式，升级为数字化、网络化和智能化的管理模式。

2. 协同生产，实现高效运转

通过系统中的计划、排产、派工、物料、质量、决策等模块，以信息化系统为手段，实现各种信息的共享与协同，在车间层面做到精准化计划、精益化生产、可视化展现、精细化管理，将以前的流水线生产转变为并行的协同生产模式，大大减少设备的各种等待时间，显著提升设备生产效率，降低生产成本，提高客户满意度。

3. 虚实融合，数据在流动中增值

改变传统的生产模式，使虚拟世界与真实世界深度融合，让虚实精准映射、相互促进，实现各岗位、各设备都融于整个信息化系统，以数据有序流动为特征，以高效、高质的生产为核心，基于数字化、网络化、智能化的管理系统，使人、机、料、法、环、测各环节相互融合。

通过成功实施数字化生产系统，企业在生产管理方面将会有质的提升，这种提升为企业的数字化转型升级奠定良好的基础。通过数字化建设，企业可以大幅度提升生产计划科学性、生产过程协同性，以及生产设备与信息化系统的深度融合度，并在大数据分析与决策支持的基础上进行透明化、可量化的管理，对企业生产效率、产品质量、生产成本等方面将有明显改善。

四、数字化让运营更可控

数据化运营是一个近年兴起的概念，它在运营的基础上，提出了"以数据驱动决策"的口号。数据运营体系是数据分析的集合与应用，也是数据先

行战略的体现，它不仅是运营人员的工作，也是产品人员、市场人员和研发人员的共同愿景。本书主要从数字化经营分析及数字化供应链角度出发，对公司内部运营的数字化做进一步分析。

1. 数据化经营分析

一般而言，企业为了第一时间发现运营过程中存在的问题和纰漏，会对企业的生产经营全过程进行动态监测，再通过对所获取到的数据进行加工，量化分析各项生产活动和经营成果。企业以此客观地反映其运营状况和经营业绩，为经营决策提供具有可行性的参考，促进企业生产运营活动的高效开展。其中，经营分析又可划分为财务、生产能力及策略分析等方面，不同类别的企业由于所处环境和发展阶段的不同，经营的各个板块也会呈现出差异。

在与数字化融合的过程中，经营分析的前期准备主要是对生产、经营、市场和政策条件等各板块数据进行收集并围绕企业自身战略规划构建综合指标体系，如销售部门应该对市场价格和供求指标等信息进行收集与分析。以数据收集中的行为数据为例，行为数据是记录用户在产品上一系列操作行为的集合，包括用户打开某公司的网页或者 App，浏览页面；用户收藏歌曲、循环播放歌曲，快进、跳过歌曲等。它描述哪个用户在哪个时间点、哪个地方，以哪种方式完成哪类操作，企业可以利用这些数据来分析用户的偏好，如页面停留时间的长短，浏览的频繁程度等，这些都可以成为分析用户行为的依据。此外，客户的行为偏好也是企业调整内部经营体系的基础，企业可以按照客户的不同行为或者根据客户的直接反馈划分梯度，为目标客户群体分层，以便更有针对性地对接客户群。

在收集与汇总所需数据后，企业需要大范围地分析整个市场的行情。以服装公司为例，每个季度的主打服饰、色系及各城市的目标受众等的选择，都需要与整个市场行情相吻合。除此之外，在分析企业经营体系时，企业具体业务范围内的数据不仅需要与市场相匹配，同时也应该与企业内部发展规划相符合。企业可以利用数字化工具，通过与第三方平台合作，建立只属于本企业的内部数据库，储藏、分类、分析及运用所需数据。利用科学的分析方法，对已收集的数据进行分析、总结，精细地将目标拆分成更小的维度，例如将全国销量拆分成各个地区的销量、全年销量拆分成各个季度的销量、用户拆分成新用户和老用户……这样，企业在进行分析时，就能更加精准、有效，目标客户人群的选择也会更加明显，得出的经营分析报告也会更加贴近市场，对企业的稳健运行更加有利。企业还可以通过对历史已有数据的分析，建立预测和警戒机制，根据历史收集数据与现实经营状况的匹配度，结合数字工具建立预警阈值并实时监测市场上相关数据的波动状况，对公司经营进行预测分析，必要时可及时调整内部战略方向和措施。

2. 数字化供应链

数字化时代的到来，无疑给各企业的供应链都带来了良好的发展机遇。许多企业近年来不断地引进新技术，探索新的商业模式，聘用数字化人才，逐步构建数字化供应链，以降低成本，增加总盈利。但是，到了 2018 年，数字化供应链的发展却不尽如人意。凯捷研究院就曾在 2018 年 4 月对 1000 多家业务横跨消费品、制造业和零售业的机构的供应链主管进行了数字化供应链的调查，以了解他们正在采用的数字化计划。调查结果显示，尽管供应链数字化是增长企业价值的关键驱动因素之一，但是由于在实施计划的过程中缺乏明确的方向性，企业还无法充分发挥它的价值并实现增长。

中国数字化供应链的发展速度在整体上较为缓慢，基本处于概念引入的初级发展阶段，但是也有以华为、阿里、京东、美的等为代表的一批数字化供应链发展较为成功的优质企业。不得不承认，数字化供应链的成功推进的确为这些企业的业务带来了巨大的效益。如今，随着供应链愈发趋于全球化和复杂化，消费者需求日益个性化，市场竞争压力也越来越大，因此，企业的发展需要更加智能、高效的供应链作为支撑。其中，有效地推进数字化供应链的方法之一就是供应链融合，这一观点由著名的高德纳咨询公司率先提出。

数字化调查显示，区块链在供应链的发展中扮演着节约成本、提高可追溯性、提升透明度、增加收入、降低风险及加强客户导向等重要角色，它主要通过安全透明的分类账本系统，将生产商、零售商、物流服务商和监管机构等处于供应链的所有利益相关方都纳入同一个管理平台，从而让管理流程变得可信、透明。但是，区块链并不是唯一的可借助工具，企业应该结合区块链、物联网和人工智能等众多创新技术进一步促进供应链向着数字化、智能化和可控化的方向迈进。

在生产与配送的监测方面，导航定位系统便是一个技术相对成熟且价格低廉的辅助系统。企业可以通过连接资产或者货车上的传感器获得资产位置，并制定大致的时间规划；企业还可以通过条形码和号码对产品及货物的走向进行跟踪，实现精准监控。这些实时的生产和配送监控可以缩短供应商的响应时间，降低企业对流程库存的投入。在人工智能方面，企业可以根据历史数据和实时数据进行需求预测，这些数据的评估分析可以从社交媒体趋势、需求变化、库存周转到供应商行为等多个方面进行，企业在得出相关数据报告后再遵循计划开展制造和分销，实现供应链的实时调整。据麦肯锡管理咨询公司的预测，目前包括供应商管理、下单和发票管理在内的采购任务中，有40%的任务可以实现自动化，并在技术相对成熟的阶段能够实现自动化的任务达到80%，而这可以为企业每年省下3%～10%的成本。随着数字化浪潮的兴起、技术创新的突破和融合，数字化供应链的美好愿景终将实现。

五、数字化实现精准营销

近几年，随着数字化浪潮的兴起，数字销售正在成为企业中一个新兴的、越来越令人兴奋的概念。数字销售即基于数据进行精准销售，同时利用社交媒体平台以及各种其他数字化工具，使企业的产品或服务触达客户并最终通过销售提升企业的收益。

各企业在明确目标客户后，下一步便应该思考如何才能将产品或服务触达客户层面，即企业整个价值链的最终销售层面。企业的整个体系进行到最后的环节时，都是需要面向最终用户的。不管前期数据收集得再多、生产加工得再好，运营层面维护得再完美，如果不将最终的产品或者服务传达给目标受众，企业整个价值体系的发展也无法被客户感知，那么整个价值体系无疑就是失败的。作为整个体系的最后一步，用户触达的传播途径以运营策略为输入；以客户的反馈行为，如客户转化率、客户点击率和客户响应率等为输出。而且，由于客户产生的反馈行为可以作为新的交互输入体系，继而迭代和优化，企业数据化价值链体系也就能运作得更加良好。完善的数据化价值链体系会呈现高度自动化的运作状态。以针对客户个性化的产品推荐为例，健全的价值体系是可以直接略过人工运营体系的，它会在服务器完成实时计算后，直接将推荐结果传达给客户群体。

客户群体能够直接感知产品的推送、广告、活动、文案和商品的展示等，在这个与产品交互的过程中，客户群体会直接表达自己的好恶。感兴趣的话会点击，喜爱的话会购买，讨厌的话会退出……这些行为不仅能够反馈客户对于产品或者服务的最终态度，还能构成新一轮的可收集的行为数据，继而对新一轮的反馈行为指标如点击率、转化率、响应率和购买率等产生影响，而这些指标恰恰呈现了数据化销售的结果，也呈现了公司价值链体系的最终结果。

但是，最终的呈现结果并不等同于公司的业务终点。管理学中有一个名为计划－执行－检查－改进（Plan-Do-Check-Action，PDCA）的概念，这个概念代表着，客户群体的最终反馈并不等同于公司价值链体系的结束，它是价值链体系的另一种开始，甚至可以说是改进公司价值体系的思绪源泉。企业可以通过反馈获得的数据优化和改进公司内部价值链体系：先选择用户并对其进行精准推送，客户则可以在手机端接收到消息，公司后台记录用户是否打开了推送通知、是否浏览了页面、是否参与了活动等一系列行为，而转化率也会作为反馈信息被记录，并用于下次的迭代改进。

第三节　文化融合

当前，企业面临的环境复杂多变，充满了易变性、不确定性、复杂性和模糊性，竞争对手层出不穷，新生代员工更具个性，也更具自主性，客户需求更加多样化，供应链上下游的联系日益紧密，企业与外界的合作愈发密切，传统的企业文化模式显然已经不能适应数字化时代的这些变化。因此，企业要想在行业中获得长久的生存空间，就必须重视企业文化的重塑，重视企业文化与数字化的融合，增强员工的企业文化认同度、客户的黏性和外部网络联系的密切性，提升企业文化与数字化时代的契合度，构建数字化企业文化，促使企业更好地适应数字化时代。

一、文化融合的价值

企业文化是指企业在实践探索过程中逐步形成的为全体员工所认同、所遵守的，带有企业自身特色的价值观念，它包括经营准则、经营作风、企业精神、道德规范以及发展目标等，优秀的文化可以增强企业的凝聚力，减少企业在管理方面的问题。随着信息技术、互联网以及人工智能等的高速发展，我们渐渐进入了具有数字化特征的知识经济时代，企业的文化也要随着企业数字化进程不断发展和变化。想让企业的思想体系、管理体系以及人才体系建设的与时俱进，就要不断创新、不断变革，以此顺应时代潮流，适应生产力的发展需要，为企业数字化发展奠定坚实的文化基础。

实际上，企业的文化融合的目的就是建立适应数字化时代的企业文化，即建立数字化企业文化，数字化企业文化是传统企业文化的外延，它既有企业文化的一般特性，也有数字化时代特有的个性。具体而言，文化融合就是要营造一个支持创新、支持颠覆性思维和探索新思想的文化氛围，要鼓励数字解决方案，支持数字驱动决策，通过数据挖掘和分析等手段提升业务决策能力，并通过创建跨职能、跨部门的团队提升部门间的团结协作能力和意识。同时文化融合还要重视开放文化的建设，重视与第三方供应商、初创公司或客户等外部网络建设合作文化，坚持以客户为中心，利用数字化解决方案扩大客户量，提升客户体验，并及时根据客户反馈开发新产品。

企业文化和数字化发展相辅相成，数字化技术的先进性决定着数字化企业文化的先进性，数字化时代特征的变化发展促进着数字化企业文化的与时俱进，而企业文化的建立和发展也为企业数字化技术的发展和更新提供了良好的文化氛围，企业变得敢于试错和创新，这带动了企业数字化技术的更新换代，也使企业适应数字化的时代发展特征和需求。

企业文化作为一家企业的软实力，具备和企业战略同等重要的地位，是企业进行人才培养和技术更新的文化保障。在数字化时代，人才是企业竞争的核心要素之一，新时代的企业竞争在很大程度上是人才的竞争，企业文化对人才培养有着重要的作用。新时代背景下，企业员工对企业文化的认同感是决定其能否积极对待工作，能否长久地就职于该公司的一个新兴重要因素。而数字化时代背景下，新生代员工和用户大多出生、成长于互联网时代，微信、知乎、微博、哔哩哔哩、抖音等新媒体平台占据了他们大部分的时间，是他们主要的信息来源渠道，也影响着他们。因此，发福利、喊口号、搞活动等传统企业文化中的团队建设模式已经越来越难打动新生代的员工和用户。新生代员工越来越追求自主，他们要求更多的工作自主性和创造性。这对企业的文化建设工作提出了更大的挑战。企业想在行业中保持竞争力，在新时代背景下获得长远发展，就必须重视人才的培养和企业文化的建设，重视企业内部文化和数字化的融合，打造数字化的企业内部文化。

数字化时代，技术更迭迅速，商业环境日新月异，企业与外部网络的联系日益紧密，这些特征要求企业加强与外部网络的联系。当今时代越来越重视文化内涵，因此文化也成为企业与外部网络之间联系的重要纽带。因此，企业要加强自身文化与外部网络文化之间的融合程度，提升二者的文化契合度，进而增强企业与外部网络之间的黏性。随着以数字化、网络化为特征的新技术革命步步深入，信息传输的速度大大加快，国际化竞争日益激烈，市场对企业的灵敏度有了更高的要求。企业面临着复杂多变的社会环境，与此同时，客户需求不再局限于产品层面，他们更关注产品的文化内涵，越来越重视企业精神文化层面与其需求的契合度，供应链上下游的企业文化契合度对企业的稳定生产也越来越重要。企业的生产需求也在快速发生变化，企业要想在这种环境下赢得市场竞争力和市场优势，只有以变应变，以灵活多变的运作方式积极适应外界环境的变化，才能在激烈的市场竞争中保持竞争地位。这也意味着企业必须具备适应数字化时代特征的企业文化，并与包括客户以及供应链上下游厂商在内的外部网络都建立良好的关系，提升企业和外部网络的文化契合度，进而提升企业的运营效率和核心竞争力。因此，企业要结合数字化时代的背景需求，加强企业文化与客户以及供应链上下游厂家等外部网络的数字化文化融合，进而打造灵活适应型的数字化企业外部文化，提升企业应对市场竞争的能力。

二、文化融合的两个体系

企业想在数字化时代实现文化融合，就要让企业文化与数字化融合，建立数字化企业文化体系。因此，要多措并举，推动数字化与企业文化的融合，建立数字化内部文化体系和企业外部文化体系，对内营造数字化企业文化氛围，对外树立数字化企业形象，以开放包容的心态促进企业与客户及供应链上下游等外部网络的文化融合。

1. 数字化内部文化体系

要建立数字化内部文化体系，就必须从企业领导层着手，建立与重塑企业价值观和管理观念。建设适应数字化时代发展的企业文化是个系统性工程，它涉及企业战略规划、人力资源的调配、资金的投入以及文化的变革等重大问题。因此，企业领导层的认知水平、支持力度以及执行力度是建立数字化思想体系、构建数字化企业内部文化的重要前提。企业领导者要在探索数字化发展过程中树立数字化的价值观念、精神境界及理想追求等，要建立新经济时代鼓励创新、快速应变、尊重个体等时代精神，要建立重视数字化发展的企业价值观和思想观念。此外，企业还可以充分借助网络媒体，通过教育培训、科学技术、文化艺术或规章制度等方法，展示自身的数字化价值观和管理观念。并向企业员工进行宣传与引导，使自身的数字化价值观和管理观念成为群体意识和行动纲领。

建立数字化企业内部文化体系，企业还要树立以人为本的核心观念。在新时代的管理中，最重要的是发挥人的积极性和主动性。随着知识经济的到来和互联网技术的发展，企业的组织形式日益朝着扁平式的方向发展，变得更加灵活。在这种情况下，人的作用越来越重要。数字化企业文化要跳出传统的管理观念，重视员工的作用，重视每个人的决策能力和创造潜力，赋予每个人决策机会。当今时代越来越重视企业的创新能力，但创新绝不是靠个人能完成的事，而是通过组织体系的团结协作、相互交流，在思想碰撞中形成的。因此，企业在构建组织文化时，一定要关注员工个人的志趣和文化背景，尊重个体的价值和尊严，满足员工物质和精神需要，要始终坚持以人为本，充分发挥员工的积极性和创造力，从而提高管理效率，构建数字化管理体系。

除此之外，企业要鼓励员工参与管理决策，简化决策流程，淡化等级差别。数字化时代的商业环境复杂多变，市场竞争激烈，这对企业决策提出了更高的要求，企业必须学会敏捷地感知市场变化，并迅速做出决策和反应。在这样的市场环境下，传统金字塔型的管理决策体系显然已经不再适用，因此，要将员工参与决策纳入企业文化建设，重视人的作用，让信息在同一层次上可以共享，推动决策人在短时间内做出决策，提升企业的管理决策效率。

企业数字化是一个涉及面广，并渗透到企业的各个环节的系统工程，这绝不是一人之力能完成的，它需要引导者和参与者的共同努力。这就要求企业内必须实行全员数字化普及教育，对包括企业领导者和企业普通员工在内的所有员工进行数字化技能培训，树立全员数字化意识，发挥群体智慧，形成数字化企业内部文化氛围。

具体来说，想建立数字化人才体系，首先要着力提升企业领导层的数字化水平。领导者是企业的决策者，领导者的数字化知识储备和实践程度直接关系到数字化战略实施的成败，因此，必须要提高企业决策层的数字化知识水平。此外，要以个人自学和外部培训相结合的方式，鼓励企业员工积极学习数字化知识，鼓励知识创新，鼓励员工积极参加各类培训，等等。同时，建立激励机制和约束机制，形成良好的数字化企业内部文化氛围，培养数字化员工。

2. 数字化外部文化体系

建立数字化企业外部文化，要强调开放合作的精神，以客户需求为导向，加强企业与客户以及供应链上下游的文化交流与合作。数字化时代特别强调全球范围内的合作精神，企业与企业之间可以利用网络进行开放式合作，即结成经营战略联盟或合作伙伴关系。这样既能充分发挥各自优势，又能实现信息资源共享和利益共享。此外，数字化时代的市场竞争愈发激烈，客户的需求也在不断更迭变化，企业想在市场竞争中占据有利地位，就必须坚持以客户需求为导向生产产品，而且要重视生产文化内涵与客户相契合需求的产品。因此，企业要不断加强与客户的联系，积极探索客户的需求，倾听客户的反馈，增加自身企业文化与客户需求的契合度，从而使企业生产的产品符合客户的内在需求。因此，企业在将企业文化与数字化进行融合的过程中，除了开放的合作精神，客户的需求也是需要重点关注的方向，尤其是客户在精神文化层面的需求。加强企业与客户和供应链上下游以及其他合作伙伴在文化方面的交流和融合，并将此作为建立数字化企业外部文化的重要内容，逐步构建数字化企业外部文化体系。

建立数字化企业外部文化体系要求企业重视与外部网络的文化交流和联系，加强企业自身文化和外部网络文化的融合。企业可以通过定期回访客户、举办文化沙龙等方式邀请客户给予反馈，倾听客户的内在需求，还可以通过数字化技术搜集客户的消费数据，分析客户的消费倾向和精神文化需求，调整企业自身的文化特性，增强与客户精神文化需求的契合度，进而制定精准狙击客户需求取向的产品生产策略。

此外，在与供应链上下游厂商的合作方面，企业首先要精选和自身文化以及客户精神文化需求契合度较高的厂商；其次要加强与上下游厂商的文化交流，定期交流和探讨如客户的需求变化等事宜，共同提升产品与客户需求的契合度；最后，企业要积极发挥数字化技术和数据的作用，提升利用数字化技术和大数据技术分析客户和供应链上下游厂商文化等特征的能力，进而精准选择合适的合作伙伴，精准把握客户的文化需求，提升合作紧密度和客户黏性，提升数字化时代背景下的企业竞争力。

第四章 敏捷力

100% 正确的答案和 70% 正确的答案，哪个是更优解？这个问题的答案在工业时代毋庸置疑会是前者，但在市场环境和技术发展日新月异的数字化时代，抢占市场先机成为企业的生存和竞争的关键，因此，或许后者才是企业生存与发展的更优解。

这个问题反映了数字化时代企业必须具备的敏捷力的重要性。100% 正确的答案固然吸引人，但如果能够以更快的速度对市场变化做出反应，哪怕对消费者需求判断的准确程度和满足程度只有 70%，也足以抢占市场先机，占据市场领先地位，从而更具竞争力。这远比晚一周哪怕是晚一天做出的 100% 正确的答案更有意义，这就好像我们在考试中做题时，在规定时间内做出的只有 70% 正确率的试题也好过超过答题时间做出的 100% 正确的试题。

数字化时代，企业所处的商业环境中颠覆现象频发，这给企业运营和发展带来巨大的挑战。为了应对这些巨变，企业不仅需要提升自身的融合力，更好地实施战略融合、业务融合以及文化融合，还需要有快速适应市场和技术等变革的能力，进而占据市场先机，即企业实现数字化路径需要自身具备较强的敏捷力。

敏捷力是指企业在面对市场的不确定性和动态变化时，敏捷地应对变革或挑战，快速做出决策、推出产品，并在市场反馈中及时改进的应对能力，是企业实现数字化的重要推动力。

本书从敏捷领导者、敏捷组织和敏捷人员三个层面分析如何提升企业的敏捷力。

第一节　敏捷领导者

中枢神经系统是神经系统的主要部分，在中枢神经系统内，大量的神经细胞聚集在一起，有机地构成网络或回路，它们的主要功能是传递、储存和加工信息，产生各种心理活动，支配与控制动物的全部行为。如果将企业看作一个动物，那么领导者就是企业的中枢神经系统，他们将企业员工通过各个组织聚集在一起，发布指令指挥着企业的运营，对企业的战略发展方向和管理运营模式的决策制定具有决定性作用。因此，"领导者就是企业数字化的天花板"，在推动企业走向数字化的道路上，要想提升企业的敏捷力，首先要加强领导者的敏捷力。

一、什么是敏捷领导者

工业时代传统型领导者的职能主要体现在制定战略规划及执行管控战略等方面，领导者的主要目的是实现企业可持续的、健康的发展。数字化时代，市场环境不仅要求企业领导者稳住已有的市场份额和优势，还要求领导者在复杂多变的商业环境和日新月异的技术发展面前能敏捷地做出战略决策。作为组织转型的"发动机"，相对于工业时代的传统型领导，新时代对敏捷领导者有着更高水平的要求。

首先，敏捷领导者应当具备敏锐的战略眼光，能迅速洞察市场环境的变化，从而制定相应的企业发展战略。

其次，面对激烈的市场竞争，敏捷领导者应具备进行大刀阔斧式坚定改革和创新的勇气和魄力，在应对突发性市场变化时，应该迅速进行相应的变革，对改革和创新保有开放与包容的心态，积极地拥抱新事物，从而在激烈的市场竞争中抢占先机。

再次，在面对追求个性和自主性的新生代员工时，敏捷领导者还应具备授权与赋能的开阔胸怀，敢于下放决策权力，勇于让员工拥有工作的自由度，提高员工的工作自主意识，带动员工的主观能动性，激发新生代员工的创新潜力和创造欲，从而留住人才，促进企业发展创新，满足客户日益多样化的需求。

最后，敏捷领导者还应具备数字智慧，熟悉并了解数字化时代技术发展的潮流和趋势，充实自己的技术知识储备，他们应对技术发展变化拥有较强的感知力，对技术的发展趋势具有敏感性，以便更好地做出决策，使公司占据技术优势。

任正非在 2017 年华为公司战略务虚会上的讲话中提出，华为要追求"人无我有，人有我优"的持续领先。他指出，世界上没有绝对不可替代的东西，只要持续领先，速度比别人快，持续保持"人无我有，人有我优"，就相当于不可替代。他还借用华为副董事长郭平的观点，指出"优"也可能就是在成本、性能方面有优势。这表明，数字化时代企业要想在激烈的市场竞争中保有生命力和领先市场的竞争力，要想及时应对日益复杂多变的市场环境以及新生代员工追求个性和自主性的特性，就必须足够敏捷，必须进行转型。而他同时强调一家公司取得成功须有两个关键条件，即"方向要大致正确，组织要充满活力"。作为商业组织，企业如果不能聚焦客户需求，把握商业趋势，就不可能做到方向大致正确。而要想实现方向的大致正确，就需要负责制定决策的敏捷领导者具备长远的战略眼光和敏捷的市场变化洞察力，需要对企业的组织结构和人员进行改革创新，以顺应时代发展趋势，满足用户日益多样化的需求。

敏捷领导者作为企业的中枢神经系统，在企业转型过程中起着至关重要的作用，其最重要的作用就是将员工集聚在一起，充分发挥员工的才能，和员工共同实现公司的发展愿景，提高公司的经济效益和社会效益。一方面，领导的处事风格会直接影响公司的企业文化，进而也会影响企业员工的工作积极性。如果领导者能够以积极的心态拥抱新事物，对新技术、新环境有着浓厚的兴趣，愿意主动学习和应用新技术，勇于改革创新以应对市场变化，就能帮助企业永远拥有活力和竞争力，反之则只会原地踏步，甚至被新兴企业颠覆。此外，在复杂多变的数字化新时代，领导者若不能及时地调整自己的角色，及时做到开拓创新、尊重人才、积极授权赋能，企业的发展就会受阻。因此，敏捷领导者是培养敏捷人员的基石。

另一方面，企业的管理者决定着企业的战略导向，在企业的日常管理运营中，高层领导起到决定性的引领和带动作用，是企业制定战略、实现战略部署的关键。因此，面对市场环境日新月异的新时代，企业想要拥有充足的生命力和领先市场的竞争力，想要进行组织和人员转型，就需要对各个部门和运营中的各个环节进行梳理，并制定相应的战略规划，而这些都离不开领导者的支持，因此需要领导者具备相应的知识储备和勇于敲定改革的魄力。同时，领导者也需要找到一种恰当的方式，使组织的传统领域具有敏捷性，进而推进运营。因此，面对企业从传统模式到敏捷模式的复杂转型，领导者应首先提升敏捷力。

综上所述，敏捷领导者是构建敏捷组织的灯塔，是培养敏捷人员的重要基石，是组织转型的关键性前提，是提升企业敏捷力的首要任务。具有远见卓识的领导者，能够敏捷地感知到市场环境和技术发展的变化，能够用前瞻性的视野、敏锐的洞察力和开阔的心态拥抱新环境和新技术，敏捷地应对市场变化并及时推动组织转型和人员培养，带领全体员工实现企业的发展战略和目标。企业要想成功实现数字化，想要提升企业的敏捷力，敏捷领导者是不可或缺的关键因素。

二、敏捷领导者的四项修炼

数字化时代市场环境和社会环境更具动态性和不确定性，这对领导者的应变能力、战略思维等方面提出了更高的要求，敏捷领导者的重要性日益突显。因此，如何转型为敏捷领导者成为当前时代企业发展的重要议题。已有研究和企业摸索的经验总结发现，转型为敏捷领导者主要需要我们集中于两个方面，一方面是提升领导者自身素质，提升领导者的敏捷性；另一方面是做好"后勤保障"，为提升组织和员工的敏捷性做好服务。由此我们得出，可以从以下四个方面修炼如何转型为敏捷领导者。

1. 第一项修炼：积极学习新事物，有意识地提升领导者的战略眼光

数字化时代的战略眼光是指，领导者具有长远的战略眼光，能够很好地利用对企业的长远规划、使命和核心价值观等凝聚人心，引领企业组织和市场。这要求企业领导者具有较强的环境敏锐度，能够敏锐地觉察商业环境的变化，特别是能够及时洞察新技术的变化；此外，要能够迅速、妥善地适应VUCA环境，容忍业务环境处于动态、不确定、错综复杂和模糊的状态，并能据此快速调整工作方式；同时，要具有洞察远见，能够洞察新技术变化和行业的发展趋势，预见组织的长远方向；最后，要能够利用企业愿景和核心价值观凝聚人心，提升凝聚力。

想提升领导者自身的敏捷性以及对数字化时代的适应性，使其具有长远的战略眼光并转型为敏捷型领导，首先就应该具备开阔的眼界和自主学习的意识。这就要求领导者能够主动跨出自己熟悉的舒适圈，拓宽自己的眼界，特别是提升新技术对本企业业务影响的感知力。领导者应该主动地通过各种途径吸收新知识，融入新时代，通过参与不同领域的社交活动以及一些新技术的发布会、研讨会等多种渠道吸收新知识、新观点，了解相关技术的发展方向和未来行业的发展趋势，不断拓宽自己的视野。此外，因为新生代员工

大多出生、成长于互联网时代，所以他们对数字化时代的适应性也相对较强。因此，领导者可以通过学习年轻的这一代人，拓宽自己的视野，从而提升自身对数字化时代的适应能力。

此外，数字化时代的组织敏捷度主要体现在对市场环境和客户需求变化的快速响应上。当今时代市场环境存在动态性和不确定性，客户需求日益多变，在很多情况下，企业做出的决策往往需要随着客户、市场的变化而及时做出相应调整。正如上文所阐述的，在今天做出70%正确的决策，比在明天做出100%正确的决策更重要。这要求领导者在实践中不断练习，有意识地提升自己的战略眼光，从而快速抢占市场先机，适应这种新的、不断迭代的响应模式。

2.第二项修炼：持续自主学习，提升领导者自身的数字化素质

数字化时代的技术发展日新月异，从互联网时代、移动互联时代，到以大数据、云计算、物联网、区块链、人工智能等技术为代表的数字化时代，技术在很短的时间里实现了快速迭代。尤其是随着人工智能的发展和普及，数字化技术在企业发展中扮演着越来越重要的角色。作为企业的领导者，要想准确把握市场方向，进行准确的战略定位和战略决策，就应该重视数字化技术的变化，持续更新自己对于新技术的了解，提升对技术发展的敏捷度和技术发展趋势的洞察力，即提升自身的数字化素质。

而领导者想提升自身的数字化素质，就要熟悉并及时了解数字化时代的新技术潮流，善于用数据辅助决策，理解数字技术对于市场、客户和自身组

织的重要性；要对新技术始终保持兴趣和关注，愿意并能够学习新知识、获取新技能，提升对数字技术认知度；要有意识地提升自己的数字洞察力，提升透过现象看本质的能力；要洞悉数字技术的发展对于本行业发展方向的影响和影响机制；要充分应用大数据和网络交换技术，分析业务状态并进行高效决策。

领导者提升自己数字化素质的常见方法是主动学习行业内和自己有直接竞争关系且数字化完成得较好的企业的经验。通常，大部分领导者对于新兴的数字技术了解较少，因此保持对数字化时代技术发展变革的关注和学习数字化技术，是领导者判断行业发展趋势、适应数字化时代特征并转型为敏捷领导者的必备品质。领导者可以每年或者每半年利用一两天的时间到外地集中进行研讨，邀请前沿技术专家讲解大数据、区块链、人工智能等新知识，还可以组织员工或者邀请咨询公司分享其他公司的数字化转型案例，帮助组织高层管理者对本行业未来业务趋势畅所欲言，展开有建设性的争论，并对本公司在未来几个月中需要进行的文化建设、数字人才库建设等议题拟定行动计划等。此外，领导者还可以通过参加线上课程，阅读相关的报告、案例、书籍或白皮书，以及参加技术会议等方式自主学习，提升自己对数字化技术的认知水平和技术发展方向的洞察力，提升自身应对技术变化的敏捷度，进而提升自己的领导力，以此转型为更适应数字化时代的敏捷领导者，为构建敏捷组织、提升企业的敏捷力奠定基础。

3. 第三项修炼：驱动转型，培育鼓励创新的新文化

敏捷领导者的主要任务除了提升自身做出企业战略决策的敏捷性以外，还要着力提升企业组织和员工的敏捷性服务，也就是要努力成为在现在的商业环境中越来越受推崇的服务型领导者。大部分观点认为，企业进行领导者转型的关键就是树立服务型领导，即要求领导者为组织发展和人员培养等服务。而要实现这一目标，首先就应要求领导者做到驱动转型，即具有培养与鼓励创新这一新文化的觉悟。数字化时代领导者驱动转型的能力是指领导者能够强力推动数字化转型，组建转型团队并亲自参与，积极培育创新文化并进行适当的冒险。这就需要领导者能够做到创新管理，积极鼓励尝试新方法；能够容忍恰当的冒险并善于将创新成果推向市场；能够敏捷地应对变化，有效地管理变革流程以实现变革目的；具有不折不挠的品质，有较强的抗压能力，敢于面对挫折和挑战并能坚持不懈。领导者通过积极地培育与鼓励创新，在企业范围内引导组织价值观的转变，创造适合数字化转型的氛围，进一步提升组织和员工的敏捷力，从而为提升整个企业的敏捷力奠定基础。

数字化时代的转型因市场和商业等环境的动态与不确定性，有着独特的复杂性和很高的难度，企业大多数时候都在不断探索之中。而且，由于行业间的特性差异，不同行业的转型经验一般也不相通，每个行业都需要不断尝试和摸索。大部分企业在小步快跑中不断调整，在创新中不断试错变更，这需要企业消耗大量的人力、财力、物力进行投资孵化，更需要领导者更加包容冒险和失败，培育鼓励创新的新文化。

4. 第四项修炼：勇于赋能，提升员工创新内驱力

为了应对数字化时代的不确定性挑战，除了驱动转型，积极培育、鼓励创新的企业文化氛围，敏捷领导者更要学会敢于向员工赋能放权。团队协作是企业在数字化时代更好地应对激烈竞争的关键，网络化的协作模式可以让更多人参与进来，在实现价值高速增长的同时，这种模式也要求领导者具有较强的包容性，能够包容员工在探索和创新过程中出现的错误，能够包容员工进行自主创造的热情。此外，相对传统的组织结构人数更多，背景和目的也更复杂，参与者也愈发具有多样性。因此，领导者要留给参与者更多自由创造与发挥的余地，需要给予人才在创新创业方面更大的宽容性和长期的支持，为他们提供必要的资源和鼓励，给予他们足够的自由度来应对创新创业过程中的不确定性。

提升领导者敏捷度有一个关键词：赋能。新时代的赋能生态是指领导者要具有构建并维护组织的网络、平台和生态环境，为更多的人才和团队提供资源，培养人才和团队的能力。

因此，要转型为敏捷领导者，首先需要领导者信任员工，给他们自主完成工作的空间和权力，促使员工积极参与项目进展，充分激发员工的主观能动性，提升组织整体的敏捷度。其次，转型为敏捷领导者还需要领导者能够自觉提升自身的网络式沟通协作能力，积极参与各种灵活的组织，拓展组织内外的人脉网络；搭建并维护各类系统、平台或者生态系统，提供规则和资源让更多的参与者实现自身目标，管理生态组织；建立数字人才梯队，包容、吸引、培养、留住多样化的数字化复合型人才，形成组织的数字人才优势。

数字化时代网络发展迅速，知识共享已成大势所趋，想要转型为敏捷领导者，领导者就要敢于赋能，提升员工的主观能动性；就要具有开放、包容的心态，能够放下高高在上的姿态，虚心学习，和员工一起进步，紧随时代步伐。这些心态转变正是领导力发展的基础和出发点。完成心态的转变以后，领导者还要及时了解市场上的创新形式，并积极创新自家企业的组织形式，提升自身的平台赋能能力。在人才培养方面，领导者需要具备前瞻性，在人才战略层面进行长远的规划布局。华为早在 2004 年便成立了专注芯片设计的子公司海思半导体，这在当时看来似乎是个费力不讨好的决策，但就是这一布局，使得华为到 2019 年时拥有了 7000 名专注于自主研发芯片的人才队伍。

第二节　敏捷组织

如果说领导是一家企业的中枢神经系统，那么组织则是企业的神经网络，是构成企业的关键结构，是企业推动有序运营的必备单元。企业的组织结构是否流畅、敏捷，直接影响企业的运营效率和市场竞争力，简捷灵活的组织结构更便于企业的日常运作、适应市场变化以及更快速地应对外部商业环境的变革，因此，在企业顺应数字化发展的道路上，组织转型必不可少。敏捷组织作为提升企业敏捷力的一种重要形式，在企业转型中也越来越受到重视。

一、什么是敏捷组织

1. 敏捷组织的定义

数字化时代的环境复杂多变，传统的管理模式和组织结构已不能很好地应对现在的环境变化，这些变化促使企业改变其组织结构，向扁平化转变，以此提升组织敏捷力。因此，敏捷组织因其快速反应市场变革等特性越来越受到社会各界人士的推崇。

虽然敏捷组织已经越来越受到企业和社会各界的重视，但各界对"敏捷组织"这个新型组织结构尚未有一个明确而统一的定义。目前已有的定义大致有三类：学术界将其定义为能够协调客户与潜在消费群体、合作伙伴及企业内部等并能快速应对复杂、动态环境的组织；部分咨询公司将其定义为具有以比较低的成本快速适应外部变化能力的组织；有些企业则将对市场变化能做出快速反应，迈向新方向的组织定义为敏捷组织。本书将敏捷组织定义为，以客户为导向，在外部环境和客户需求发生变化时，能够结合公司的具体情况快速又准确地做出反应，并进行合理调整的组织。

2. 敏捷组织的特点

敏捷组织的特点主要体现在快速决策、绩效文化、柔性团队和信息透明四个方面。

（1）快速决策

我们生活在一个不断变化的环境中，大部分人无法准确预知未来的发展方向。将风险降至最低的最佳方法就是拥抱不确定，并以最快和最有成效的方式尝试变化。在市场环境变化较快时，企业要想占领市场先机，就应当接受不确定性，快速做出决策，在尝试中快速纠正自身、不断发展自身。敏捷组织强调快速、高效和持续的决策制定，强调基于70%的可能性做决定而非基于100%的可能性做决定。这也意味着敏捷组织不需要寻求共识决策，只需要让所有团队成员都参与其中提供意见，并以专业领域的专家型成员的观点为重点参考，让其他团队成员包括领导者求同存异，共同担当，促使决策尽快达成。

（2）绩效文化

敏捷组织在本质上以业绩为导向，它根据特定流程或服务节点的共同目标探索新的绩效和结果管理方法，它衡量业务活动的影响而非业务活动本身；它主要以结果为导向，根据部门选择绩效考核方法，像行政和客服这类职能部门，往往运用标准作业程序（Standard Operation Procedure，SOP）考核过程绩效，而那些与市场紧密关联的岗位，则会运用更强调"刚性结果"的绩效考核方法。

（3）柔性团队

敏捷组织还会采用更灵活的组合方式，如互联网公司会根据客户需求临时设定一些存在时间很短的岗位。敏捷模型中的员工要通过各种体验才能构建新功能，因此，敏捷组织允许并鼓励角色变化，员工可以根据个人发展目标定期在团队和个人方面扮演不同的角色。

（4）信息透明

敏捷组织会尽可能地公开所有可以公开的信息，实现信息透明化，以便员工了解企业目前的任务，避免员工迷失方向，从而提高组织凝聚力。快速决策要求敏捷组织坚持信息的完全透明化，以便每个团队都能快速、轻松地访问所需信息并与他人共享信息。这也要求团队成员间彼此开放、透明，只有这样，组织才能创造一个让员工产生心理安全感的环境，员工在这里提出和讨论所有问题，每个人都有发言权。

3. 敏捷组织的影响因素

企业进行组织转型、构建敏捷组织的主要评价指标就在于其组织的敏捷度，即企业在变幻莫测的环境中快速成长以及对相应变化快速做出反应的能力，它反映了企业在动态、复杂的环境下自我调整和演进的能力。

组织敏捷性的影响因素主要由运营敏捷性、合作伙伴敏捷性和客户敏捷性三部分构成。

运营敏捷性是指企业以保持组织柔性、提升部门协同性、优化生产流程、敏捷制造等方式快速应对环境变化的能力。

合作伙伴敏捷性主要是指企业与合作伙伴之间通过虚拟企业、战略联盟、平台模式等合作形式，实现资源、能力互补，并提升合作协同性以共同应对市场竞争的能力。

客户敏捷性则是指企业快速感知客户需求变化，深入挖掘客户内在需求，并及时提供相应产品和服务来满足市场需求的能力。

以海尔集团为例，为了顺应科学技术在工业生产和企业运营中日益重要的发展形势，海尔集团通过将"互联网+"思维融入企业生产运营过程，创新了企业管理模式，促使企业平台化、组织网络化、员工创客化等。除此之外，海尔积极进行组织转型，多方位构建敏捷组织，并通过多维度变革提升组织敏捷性。

具体而言，海尔集团首先积极推动组织结构创新，其着力于简化中间管理层，构建扁平化的网络组织结构，大力驱动员工创客化、组织小微化，并构建无人化智能互联工厂，积极探索"互联网＋制造业"的深度融合，这些举措都大大提升了其组织运营效率。

其次，在提升合作伙伴敏捷性方面，海尔集团构建平台合作模式，创建众创汇平台、HOPE平台、海达源平台等多个平台，并积极引进优秀专业人员、资源供应商、方案服务提供商、高校和科研机构中的专业人士以及创客等优质资源，逐步打造一个集聚众多优质资源和能力的平台化、利益共享、风险共担的并联平台式生态圈，以此提升了其组织的合作伙伴敏捷性。

最后，海尔集团基于用户驱动理念，以用户为中心，以客户需求为导向，构建用户大数据平台，打造全程可视化互联工厂，实现与用户零距离交互，动态把握客户需求。他们由传统大规模制造型企业转向现代大规模定制服务型企业，着力于提升客户敏捷性，进而提升其组织敏捷性，实现企业组织转型。

二、敏捷组织的三种模式

企业想构建敏捷组织，就必须在治理机制、组织结构、管理流程、人力资源、非正式关系和企业文化等方面做出调整，并以这些调整辅助企业敏捷转型成功。具体而言，在治理机制方面，领导者要由集权向放权，重视团队的自主创新能力；在组织机构转型方面，要打破条条框框，实现组织机构扁平化，简化组织结构，提升沟通决策效率，同时，改善组织的管理流程，实现便捷化流程管理，重视工作效率；在人力资源方面，要以员工的专业能力和工作经验为考核标准，有针对性地开展人员培训，还要拓宽非正式关系，改变办公室结构，增加非正式会议的开展次数；在企业文化建设方面，要重视人文关怀，引领员工团结一致。

因为不同企业在发展规模和企业文化等方面存在差异，因此企业在进行组织转型、构建敏捷组织时，要立足于本企业的具体情况，在借鉴同行业类似企业的转型经验的基础上，选择适合本企业的组织模式构建敏捷组织，从而达到提升企业敏捷力和企业竞争力的目的。结合现有的企业数字化转型实践经验，根据其构建敏捷型组织的不同方式，我们将敏捷组织分为"部落和小队"模式、"事业合伙"模式和"小微企业"模式三种典型模式。企业在构建敏捷组织时可以根据自身发展情况，选择一种适合本企业的模式，借鉴其转型经验，从而完成组织转型。

1."部落和小队"模式

荷兰国际集团（Internationale Nederlanden Group，ING）在构建敏捷组织时，聚焦于使管理层级实现扁平化，他们将管理层级由原来的6个缩减为3个，独立部门也由30个缩减为13个，员工数量大大精减。这一转型推动了各个部门间的交流，简化了管理和决策流程，使得员工的工作效率大大提升，产品的上新周期也由原来的每年2～3次缩短至2～3周一次，这使得客户满意度大幅提高。

此外，为了使员工能够投入企业敏捷组织改革中，ING在员工招聘、新员工培训和员工沟通方面做出了调整，使其更具敏捷性和开放性。

在员工招聘方面，ING使用同行招聘的方法，当其他高管或者HR招聘的同事不符合用人部门高管的需求时，后者拥有否决权；着力于提高员工质量，保证团队在性格、性别和技能等方面的多样性。

在新员工培训方面，企业对新员工进行为期三周的入职培训，让新入职的员工在新设立的客户忠诚度团队运营呼叫中心至少待足一周，这使其能够在进入关键业务部门后迅速建立非正式网络。

在促进员工沟通效率方面，从改变办公室的布局开始，ING 拆掉了大楼墙壁，使员工的活动更自由；减少正式会议的开展次数，增加非正式会议开展次数，使员工间的非正式互动大幅增加，极大激发了员工的创作灵感。这种改革转型帮助 ING 突破了部门壁垒，缩短了产品上新周期，提高了工作效率，也增加了客户满意度。

ING 敏捷组织转型成功的关键在于，领导者敢于授权团队、打破条条框框和使用风投理念的决策机制，能够转变角色，充分授权团队，敢于放权，重视团队自主运作能力的培养，将管理机制从"过程导向"转为"决策导向"；领导者善于以项目为导向组建小而灵活的跨部门团队，并结合市场反馈，以快速迭代的方式（以周或月作为开发冲刺周期）不断优化产品；领导者善于改革决策机制，引入风险投资理念，分阶段对项目进行投入和审批，并在项目运作中通过评定统一量化指标（如 ROI）决定团队是否获得下一轮投资。

ING 敏捷组织转型的这种模式被称作"部落和小队"模式，即主要采用"小队－分部－部落－公会"的模式，通过借鉴互联网公司内部的组织形式，构建以"小队"为核心的任务单元，实现人员跨部门合作并根据客户需求随时组合待命。"小队"是由跨学科团队成员组成的最小任务单元，拥有决策自主权，对客户需求承担端到端的责任。各"小队"中由相同专长的人构成"分部"，负责为"部落"制定交付的指导原则，几组相关"小队"合并为一个"部落"，"部落"负责解决特定业务问题，为"分队"提供解决专业问题的大环境。"公会"是虚拟的知识型社区，为员工提供分享代码和工具的空间。"小队"可以动态组建，一旦完成项目使命，"小队"立即解散。

"小队"模式能够有效地帮助企业突破部门壁垒，缩短产品的上新周期，提高员工的工作效率和客户满意度。这种模式灵活度较高，"小队"成员的不断变动也在很大程度上提高了组织灵活性，同时创新性较强，跨学科的成员模式有助于员工擦出灵感火花，并能有效避免组织僵化。"小队"模式能有效克服组织结构惯性，也有助于员工加强团队合作，因为客户需求导向会使团队团结一心完成任务。这一模式适用于需要跨部门成员合作才能完成的项目，也适用于既要保证质量，又要保证高效的效率导向型团队，以及在完成基本任务之外，还要有创新产出的创新拉动型组织。

2."事业合伙"模式

万科集团是进行敏捷组织转型并成功实现数字化的另一个典型案例。与荷兰国际集团一样，万科在进行敏捷组织转型时，也从多方面进行了改革。

在组织架构方面，万科集团撤销了总部部门，将公司的组织结构整合为三大中心，设立了合伙人机制，通过事业合伙、项目跟投和事件合伙三大合伙模式，实现了集团层面持股、项目层面跟投以及员工层面按任务灵活组队，将员工与公司的发展绑定，实现共创、共享、共担，以奋斗者文化和价值观让上下齐心协力。

在权责方面，万科推行以 GTVK 任务体系重构权责体系，通过增强员工的主人翁意识，推动组织向网状化发展。万科在一线试行 GTVK 任务导向变革时，每季度会通过战略解码会，将公司战略分解成公司级任务（G）、战团级任务（T）、战略级任务（V）和战斗级任务（K），员工自愿提出和申领任务，组建跨功能战队。所有员工不论职级大小，均可成为战队的事件合伙人，完成每项任务都可获得奖金。通过这一方式，万科充分发挥了小团队透明分享与灵活敏捷的优势。万科集团将由原有的五级架构变为"任务负责人－团队成员"两级架构，通过授权一线实现快速决策；将员工作为任务团队负责人，激发员工工作积极性和创造力。

在人力资源方面，万科集团重构薪酬体系，打破职级工资制，强化风险共担意识，实行季度战略评价考核。具体操作是将基本月薪拆分为基本工资和岗位责任工资两部分，基本工资不以级别评定，以员工的专业能力和工作经验为主要依据；岗位责任工资则根据员工岗位的真实价值、担当责任大小以及承担风险的高低来确定，并基于岗位责任和承担风险（即 GTVK 任务量）的变化适时进行调整。与此同时，万科还实施与 GTVK 体系适配的绩效管理方式，实施季度战略评价考核与"战略解码－合伙人质询－绩效评估－能力辅导－GTVK 迭代"的模式，以此实现季度战略刷新、辅导沟通以及频繁反馈。合伙人委员会对每个季度的分解事项进行质询、评价和劣后担当，各个战队的团长总结吸取教训进行新的 GTVK 迭代。

在企业文化方面，万科着力打造积极向上的企业文化，并以此引领万科员工齐心协力助推团队顺利转型。一直以来，万科着力从企业伦理道德、自我更新能力和员工素质三个方面进行企业文化建设。万科以正派的作风脚踏实地开展项目。它着力于实现企业管理制度化、透明化和团队化，不依靠强权人物，而依靠团队完成快速自我更新；在内部推崇互相尊重的氛围，尊重消费者、尊重合作伙伴、尊重员工能力，重视人文关怀。

万科的这一组织模式被业界称作"事业合伙"模式，即通过建立多层级合伙人，并以合伙人持股的方式实现事业合伙，进而使其与公司同舟共济的组织模式。此外，员工持有公司股份也有助于提高员工的忠诚度和工作热情，让所有人团结一致，共享成果。

"事业合伙"模式中，企业的骨干员工持股，普通员工根据"自愿"原则进行项目跟投，员工初始跟投份额不超过项目资金峰值的5%。员工能够掌握自己的命运，企业与员工之间形成了"背靠背"的信任关系，两者风险共担，利益共享，共同做大事业。

这种模式更适合于具有知识个体性、股权分散性以及业务封装性的企业，即企业知识掌握在个人手中，公司各大股东所持有股份相对均衡，业务可分解成较小单位且各单位可单独进行核算的企业。

3. "小微企业"模式

海尔是"小微企业"模式的典型代表，其结合互联网时代特征制定了网络化战略，开展了"小微企业"组织变革。

海尔准确地把握互联网时代需求个性化、营销碎片化和资源社会化的时代特征，抓住并快速满足客户的个性化需求。其通过打造大规模定制而非大规模制造的路线实施网络化战略，从而实现了企业功能平台化、组织运营微型化以及员工经营创客化。海尔将封闭的企业转变为开放的创业生态圈，将大型管控型组织裂变为"小微企业"，让员工从执行者变成 CEO，以此激发员工的积极性，提升企业的应变敏捷力，从而使"小微企业"能够精准、迅速地满足客户的个性化需求。

"小微企业"主要由平台主、小微主和创客三部分构成。

平台主负责维护平台，为"小微企业"提供创业资源支持；小微主是海尔"小微企业"的负责人，主要负责运营，直接创造用户价值；而创客则是海尔集团中选择创业的员工，这些创客会共同选举出小微主，双方可以互选，不称职的将被淘汰。

海尔集团还将小微企业分为创业小微、转型小微和生态小微三种。其中，创业小微由海尔原有内部员工创立，是从海尔内部孵化出的小微公司，其可以依靠海尔平台的支持，逐渐发展为独立的小微企业。转型小微则是由原有海尔事业部逐步转型出来的小微公司，其拥有原来固定的运营模式，与原有业务的关联性最强。生态小微是在海尔创业平台上，由供应商、投资人、内部员工等相关方共同成立的小微企业，是海尔生态圈中最多的一类小微企业，目前已有超过 2000 个。

三大网络化合作平台支持、小微组织理念的融入和灵活的激励机制是海尔的敏捷组织较为成功的关键因素。三大网络化合作平台分别是指海尔开放式创新平台——HOPE 平台，它的主要功能是发布技术需求，提出技术解决方案；海尔模块商资源平台——海达源平台，它为供应商与用户进行在线交易提供平台支持，即时模块化解决问题；海尔产品定制平台——众创汇平台，它用来实现模块定制、众创定制和专属定制服务。小微组织理念是指小微企业充分利用价值链上的所有资源，利用二维点阵来衡量业绩，遵循"同一目标、用户付薪"的原则实施价值分配。此外，在绩效管理体系转变方面，海尔实施"0030"激励机制，即0起薪、0费用，也就是说有现金流才有工资，"30"则是指将收益的30%作为风险基金。

"小微企业"模式是指通过打造平台主、小微主和创客等构成小微企业，并进行平台化管理。平台主为小微提供创业资源支持，小微主负责经营，创客负责创业，不同的小微企业按照市场化的方式交互价值。企业通过"小微企业"模式，提高团队创新意识和商业敏感度。这便于企业有针对性地调整战略布局，提高竞争力。

"小微企业"模式中，创客具有企业家精神，嗅觉敏锐，善于抓住市场机会。因此，这种模式具备良好的自我组织能力，善于接纳优秀人士，属于自我驱动型的组织形式，有发展动力。这种模式适用于需要根据市场变化即时调整战略的战略调整型企业，以及需要抢占商品的市场份额来赶超对手的市场导向型企业。

第三节　敏捷人员

如果说一家企业的领导是中枢神经系统，组织是企业的神经网络，那么企业员工则是企业的细胞，员工贯穿整个企业，是企业的基本构成元素。

员工是企业组织的基本元素和价值创造源泉，企业在进行组织转型时绝不能忽视对员工的培养，培养敏捷人员是成功构建敏捷组织的关键。此外，数字化时代的市场环境多变，就业竞争也很激烈，这要求企业员工具备提升自我适应外部环境变化的能力与提升自身敏捷性的意识。

一、什么是敏捷人员

数字化时代，最典型的敏捷人员就是媒体从业者。互联网时代的媒体人要更加密切地关注热点新闻，他们以最快的速度抓住热点，以最敏捷的方法和思维做采访和报道，以最独特的视角洞察受众的喜好，这样才能写好文章，进而吸引流量，为公司创造价值。他们是数字化时代敏捷力的首席代言人，是典型的敏捷人员。因为社会各界对敏捷人员尚未有一个明确的定义，所以本书结合已有的研究和企业实践进行总结概括，将敏捷人员定义为具有较强的敏捷意识和创新意识，并且在企业领导者赋能和放权的基础上，能够拥有充分的工作自主性和主观能动性，从而充分发挥自己的创新意识，帮助企业快速应对市场变化、满足客户需求的组织人员。

敏捷人员是构成敏捷组织的基本元素，是提升企业敏捷力的重要环节。

首先，敏捷人员应该拥有充分的自主性，自主决定自己的工作进度，并拥有足够的试错机会，拥有供自己发挥创新意识的试错的平台和制度氛围。

其次，敏捷人员应当能够自由、灵活地参与部门沟通和合作，能够在与不同部门的互动中激发和创造灵感，并提升自己的工作效率。

再次，敏捷人员应当充分参与项目，与项目共享利益、共担风险，增强自身与项目的关联度。

最后，敏捷人员应当有自主学习意识，能够积极主动地学习数字化时代的新事物，观察市场环境的新常态，提升自己的敏捷度和工作意识，为构建敏捷组织、提升企业敏捷力贡献自己的力量。

运营企业和管理军队相似，两者都是将各种各样的人才聚集在一起，并为了一个共同的目标而努力，都希望在竞争中取得胜利。一场胜仗离不开作为核心的将军，也离不开士兵的默契配合和忠诚拥护。同样地，企业运营除了需要领导者准确的战略预测和规划，也需要员工的密切配合和拥护。员工是一家企业正常运营的基础，是企业满足消费者需求、创造价值的源泉。一家企业的发展离不开领导者的战略思维和正确引导，离不开团结协作的组织结构，更离不开企业员工的团结协作和高效运转。因此，企业必须从小处入手，全方位培养员工，这样才能提高员工的技术水平和长远眼光，提升员工的工作效率和工作质量，才能更好地应对市场变化。

在数字化新时代，复杂多变的市场和日新月异的技术等外部环境对企业的反应速度提出了更高的要求，比如，企业要更敏捷地洞察市场，把握消费者需求变化。传统等级森严的金字塔型管理模式已不能很好地适应复杂多变的经营环境，相应地，传统管理模式下只听指挥做事而没有自主意识和创造性的员工自然也就不再适应于这个高速运转的时代。随着企业敏捷力概念的提出，社会各界也日益重视对敏捷人员的培养，人们都认为敏捷人员是构建敏捷组织的基础，是提升企业敏捷力的关键性因素。而且，在数字化时代，随着互联网技术的普及，信息传播的加速，知识经济的兴起，企业对员工能力的要求也越来越高，传统的脑力劳动或者纯粹的体力型员工甚至是只具备单一技能的高等教育人才都已经不再能满足复杂多变的市场需求。因此，在企业需要转型的同时，员工本身也需要转型，企业要实现数字化不能忽视敏捷力的提升，企业员工同样也不能忽视自身敏捷力的提升。敏捷人员的培养和打造是数字化时代企业和员工的共同任务。

以华为全球培训中心为例，在数字化时代激烈的市场竞争和复杂多变的经营环境下，华为全球培训中心致力于为客户培养 ICT 人才，提高当地人的 ICT 技能以消除数字鸿沟。基于华为的 ICT 人才培养实践及与全球领先运营商的合作经验，华为全球培训中心通过提供端到端的人才发展解决方案满足客户及社会 ICT 人才需求，应对数字化社会挑战。华为全球培训中心的广受欢迎，在很大程度上印证了当今时代企业对敏捷人员的重视。此外，华为本身也非常注重人才培养。2019 年，任正非在谈及人才培养和管理时表示，华为要从全世界挑选 20 ~ 30 名天才少年；2020 年，华为还打算在世界范围内招进 200 ~ 300 名天才少年。这些天才少年像"鲶鱼"一样激活华为的组织。此外，他还表示，公司每个体系都要调整为冲锋状态，要敢于打破条条框框，发挥所有人的聪明才智，由此可见员工对企业组织的重要性。充分发挥员工才能，培养和打造敏捷人员，对企业在数字化时代的发展和占据市场份额，占领行业高地至关重要。

事实上，敏捷人员确实对提升企业的敏捷力举足轻重。企业可以通过培养敏捷人员提升企业员工的整体水平，进而提升企业的运营效率；还可以通过培养敏捷人员提升企业员工的创造力和创新力，进而提升企业的产品更新效率，缩短企业产品更新周期，占据市场先机。此外，培养敏捷人员需要企业对员工赋能并放权，因为这在很大程度上会激发员工的自主意识和主观能动性，又能增强员工的归属感和主人翁意识，进而增强员工的工作积极性，端正员工的工作态度，提升工作效率。因此，培养敏捷人员不仅能提升企业的敏捷力，还能加强企业和员工间的联系，帮助企业留住人才，这在人才竞争激烈的数字化时代尤为重要。

比如，华为近年来相当重视人才的引进和培养，该企业不断改革各种激励和培养员工的方案以提升员工的能力，这显著提升了员工的创造力和竞争力等素质，也提升了员工对市场变化的敏捷力，并进一步提升了华为对市场环境的适应能力，扩大了市场份额。此外，蓝军战略也是华为应对激烈市场竞争时的重要武器。任正非表示，蓝军就是要想尽办法来否定红军。红军是指华为的正面部队，他们负责研发和创造，而蓝军则充当对立面的敌军角色。蓝军可能会发出各种对抗性的声音，模拟各种可能出现的信号。通过自我批判、警告与模拟，华为一直保持高度的竞争意识和危机意识，整体的敏捷力也得到了提升。这一战略的根本目的其实在于通过培养敏捷人员提升企业的敏捷力，提升企业面临市场挑战时的应对能力和敏锐度。

二、敏捷人员的四个支柱

如前文所述，培养敏捷人员是数字化新时代企业进行转型的关键一步，它需要企业和员工的共同努力。

首先，企业要着力改革绩效体系，将员工的绩效和项目联系起来，实现责任共担和利益共享，提升员工的责任意识和主人翁意识，进而端正员工的工作态度，促使其主动提升自己的各方面能力，包括敏捷力。

其次，企业要主动赋能，敢于赋权，给予员工充分的自主权，为员工创造宽容的试错平台，让员工有勇气试错，提升其应对技术环境等变化的能力，进而提升敏捷性。

再次，企业要改革培训体系并积极营造开放的文化氛围，要鼓励员工自主学习，加强与专业技能匹配的培训等。企业要有针对性地培养员工，提升员工与市场需求的技能匹配度，进而提升其应对市场变化的能力，包括敏捷力。

最后，员工自身要积极主动地进行学习，要充分利用企业提供的学习平台和学习机会，也要积极关注市场环境，不断提升自己对市场的感知力和敏捷力。

企业在提升员工敏捷力，培养敏捷人员时，可遵循"四个支柱"原则。

1. 责任共担、利益共享

员工队伍的规划在提高公司效率与敏捷性方面起到了重要作用。某公司在发现自己的劳动力成本与总成本之比是行业内最高之后，立即对自身进行了相关数据的分析，发现冗余岗位和部门阻碍了员工的敏捷性和生产效率的提高。于是，该公司对人才规划流程进行了阶段性的变革，其以公司绩效与战略方向为指导，全面优化员工结构并缩减规模。此外，该公司还进一步完善了工作流程和组织结构，使新员工能够更迅速地融入角色。

同时，该公司也相当重视人员调整过程中可能出现的负面影响，其将那些因为岗位重组而被分流出来的员工安排到公司其他部门。该公司以绩效为标准制定员工队伍规划的做法，提高了员工的执行意识，员工们觉得自己的工作与自身能力更匹配了，而这显然有助于公司的发展。最重要的是，这一改革提升了员工的责任意识和主人翁意识，进而改善了员工的工作态度，工作流程和组织结构的完善也推动了员工敏捷性的提升，进而使得企业应对行业快速变化的市场需求的能力得以提升，这在无形中增加了企业价值。由此可见，企业可以通过改进绩效体系，完善工作流程和组织结构的方式，为提升员工敏捷性提供动力，进而为培养敏捷人员奠定基础。

2. 充分赋能，敢于放权

商场如战场，军队在面对敌军突袭时如果想要迅速做出反应，既需要军队领导能够准确、及时地发号施令，又需要士兵具有足够敏捷的行动力，此外，还要士兵具有一定的自主性，军队应培养其敏捷性，使其能够在发现敌情变化时，有权及时汇报情况，让军队更好地应对战况。企业员工也是如此。员工应拥有充分的自主权，企业领导层要能够充分培养员工的能力，敢于赋权员工，进而提高员工的自主性，培养敏捷人员，以应对时刻变化的市场环境。

以华为的蓝军战略为例，华为的"蓝军"成立于 2006 年，它主要负责从不同的视角观察公司的战略与技术发展，以逆向思维，审视、论证华为"红军"的战略、产品及解决方案的漏洞或问题，通过模拟竞争对手的策略规划指出华为"红军"的漏洞或问题。简单来说，华为的"红军"负责制定公司的战略发展模式，而"蓝军"则主要负责"挑刺儿"，以主要竞争对手或创新型的角度来设定战略发展模式攻击红军。任正非表示，不仅要全面实施这一机制，还要在华为内部创造一种保护机制，一定要让蓝军有地位、有话说、敢说话。当然，蓝军中可能也存在一些"胡说八道"的"疯子"，但如果他们敢想、敢说、敢干，我们也要给他们一些宽容，谁又知道他们能不能有什么特别的发现呢？

正是在这种蓝军思维下，华为建立了一套从战略到执行的闭环系统方法论，这套方法论节奏清晰，效果显著。在制定战略期间，蓝军和红军之间的互相辩论通常会持续几个月。为什么华为在战略方面有定力和耐性？因为华为通过蓝、红两军之间的辩论，投入了一定的资源和时间来讨论战略的各种可能性，对战略做了详细的规划。通过正反对抗，华为预判会有什么陷阱，并且制定相应的应对措施。因此，华为非常重视充分发挥员工的潜力，敢于放权赋能，敢于给员工充分的自主权，从而培养了一批批敏捷人员。这些敏捷人员也的确在不断帮助华为及时而迅速地应对市场变化和竞争对手的挑战，推动华为占据行业领先地位。

3. 改革培训体系，优化技能结构

当今时代，现有劳动力技能与市场需求的技能结构严重不匹配的现象越来越严重。这就要求员工自身能够树立正确的就业观念，同时也能按需提升自身能力。而就企业层面而言，这一现象要求企业必须具备快速调整或者提升员工技能水平的能力以及应对快速变化的市场需求的素质，这样企业才能

应对新的市场需求并抓住新的机会。

要想培养敏捷人员，建立一支足够敏捷的员工队伍，企业除了优化队伍结构和绩效体系，敢于赋权，充分发挥员工潜力以外，还要着力改革员工培训体系，提升员工的技能结构。企业可以利用最新出现的学习方法和知识管理技术，并结合互联网学习、知识管理以及实时绩效支持等领域的多种创新方法和技术，根据市场需求、工作环境和每个员工自己的学习习惯，在合适的地点和时间，以合适的形式为员工提供学习支持，从而优化人才结构，提升员工能力，促使员工和企业能够适应快速变化的商业和工作环境。

以微软公司的"移动学院"为例，微软建立移动学院的主要目的是帮助员工学习最新的知识和管理技术等，提高组织灵活性和学习能力。这一举措有效缩短了微软销售人员掌握某个产品或解决方案的时间，使其能更及时地把握市场机会。"移动学院"一般以播客或视频短片的形式推出新鲜的信息，这些新鲜的信息即其他销售人员正在尝试并且产生积极效果的项目，项目中既包括产品专家和销售人员，也包括各种电话会议、介绍以及第三方供应商。在微软公司内部，"移动学院"拥有约 22000 个用户，并且还向分销网络上近5000 个合作伙伴开放。如此庞大的用户基础让其每个月可以产生 500 多段播客内容，这极大地丰富了销售人员对于产品、竞争对手和最佳销售实践的认识，也提升了销售人员应对市场快速变化的敏捷性。

4. 提升人员敏捷性，加强开放合作

企业想培养敏捷人员，就一定要积极营造开放合作的企业文化，推动开

放式合作，加强与外界的交流，汲取其他企业的成功经验与教训，在与外部网络合作交流的过程中总结经验，制订恰当的人才培养方案，并加强与外部网络在人员、技术等层面的开放式合作，进而提升本企业员工的敏捷性，促使企业更好地适应数字化时代发展需求，更快地实现数字化转型。

一个典型的案例是英国通用医疗公司。该公司是通用电气集团"健康创想"项目的关键组成部分，这项计划投资 60 亿美元。英国通用医疗公司希望通过不断推出创新项目降低医疗成本，让世界上更多的人都能享受医疗服务，同时提高自身的整体服务质量。这项计划的内容之一就是被通用医疗称之为"无国界"合作的活动。这个在全球范围内推广的活动项目以"在一国、为一国"为口号，项目的落地方法是采用当地技术发展应对当地市场和客户需求。例如，通用医疗公司在印度分公司的工程师开发出了一种耐用的便携式心电图仪，这种设备改变了印度乡村地区医生护理心脏病人的传统做法，推动了同样急需微型、便携式技术的世界其他地区分支机构的收益增长。

英国通用医疗公司成功转型的案例表明，无论是员工个人还是整体组织，要想提高工作效率和敏捷性，就必须让适当的人在适当的时间获得必要的知识和经验，企业最好能主动提供这些知识。很多时候，可以满足某项新的市场需求的创新其实就藏身于企业内部，关键在于如何找到它。这就要求企业努力克服组织结构缺陷，消除组织内部妨碍信息自由流通的各种障碍，并在公司的所有层级营造合作文化，加强合作，进而提升人员的敏捷性。

第五章　数据力

在华为 2012 年分析师大会上，徐直军首次诠释"2012 实验室"名字的由来：来自电影《2012》，寓意"未来信息洪流会像电影中的洪水一样不可抵挡"。数据大爆炸时代已经到来。然而，海量的数据并非意味着企业可用数据的增加，就像人如果直接饮用海水会生病一样，企业直接使用未经核实和分析的数据也会导致决策失误甚至方向完全错误。因此，在获得数据后，企业有必要在使用数据前先对数据进行"治理"，避免因数据中存在"病毒"或"脏数据"而影响企业的"健康"。

治理数据如同治水。可饮用的水在提供给广大居民之前，需要先经过水源检测并达到《生活饮用水卫生标准》后，再汇总到各个核心水库统一分配，最后依据各地区需要加以引流。在整个过程中，各个河道需要布置水质监测点，通过监控和管理确保水质在流通过程中不会被污染。同样地，企业在应用数据前也需要确保已获数据的可信度，然后将可信数据汇集到一起，最后依据实际业务需要应用数据。在数据治理过程中，企业需要时刻进行数据管控以保证企业经营安全合规，其示意图见图 5-1。

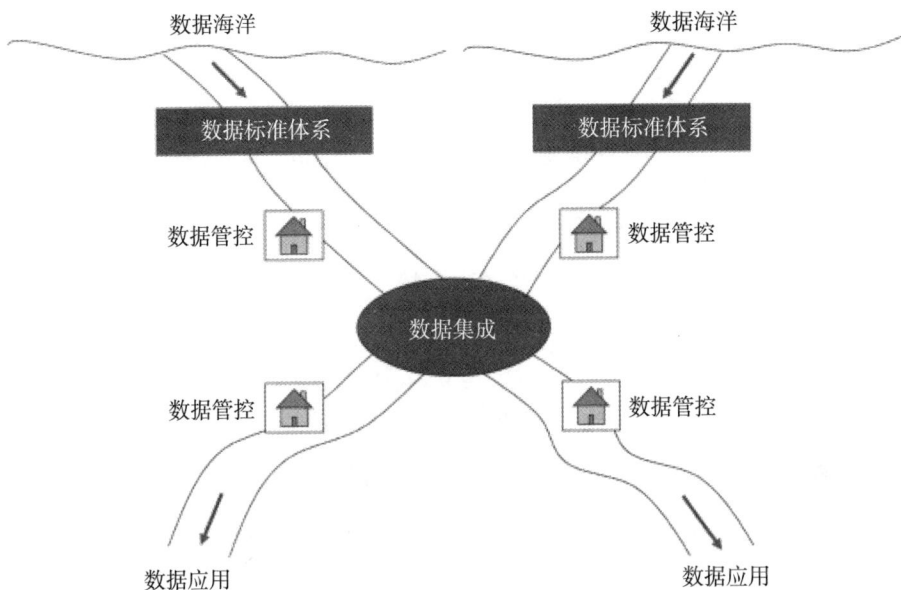

图 5-1　数据治理水流图

第一节　数据获取

一、数据可信

2019 年 5 月，陈春花教授提出："数字时代，最重要的是信任。"如果没有可信数据，不仅数字化难以实现，甚至可信度较差的数据还会导致企业做出错误决策。全球性信息服务集团益博睿在 2019 年的一份调查报告指出，全球 29% 的企业认为它们的客户数据和前景数据并非完全准确；30% 的企业认为数据不可信是它们运用数据力成为顶级企业路上的最大挑战之一；而高达95% 的企业都承认数据不可信对其业务产生了巨大的影响。

目前，企业在数据可信度方面普遍存在以下两类问题：一是数据采集、存储、处理等环节的处理方式不科学、不规范，这些问题会导致错误数据、异常数据、缺失数据等"脏数据"频频出现；二是同一数据源在不同部门的表述完全不同，这使得看似相同的数据的实际含义大相径庭，企业数据的一致性也因此得不到保障。比如，在面对同样一杯来自洞庭湖的水时，有人认为它是洞庭湖水，有人则认为它是九江水，二者为此争论不休。殊不知，九江本是洞庭湖的别称，这两杯水的本质一样，却因表述不同带来了后续麻烦。

归根结底，数据失去可信度的原因在于数据关系、产生、存储、共享、交换及应用等环节的不规范、不统一。企业若想充分发挥数据力，那么确保从可靠途径获取数据，明确数据洪流进入企业的标准是其首要任务。

二、数据标准

作为数据洪流输入企业的标准，数据标准规范了数据处理全流程。在数据标准体系的作用下，企业能够实现"两个一致"：数据含义和使用场景一致；同一数据的业务取值范围、计算方法和编码规则一致。可以说，数据标准体系是数据模型依据、数据标准参考和数字仓库的构建基础。没有标准，就无法解决问题。

在2016年华为企业架构与流程管理大会上，徐直军曾说："数据标准体系是帮助企业构建统一的逻辑层的数据底座。"只有准确、可信、一致的数据才能支撑企业的数字化运营。具体而言，数据标准体系的规划给企业带来的管理价值包括以下4个方面。

1. 非定制交换成为可能

一方面，用于交换的数据应携带完整、独立的信息，这样才能确保数据被公布以后，即可独立使用。以全球定位系统（Global Positioning System，GPS）为例，现在能够从系统中获取的数据一般只包括经纬度及设备 ID 等基本数据，并不明确这个设备是什么，如果想确认该设备是车还是其他终端，需要进一步依据设备 ID 进行查询。然而，一旦数据标准体系得以构建，那么所获得的信息便是完整且独立的，我们可以直接根据 GPS 明确该设备是什么。

另一方面，数据标准体系让交换接口成为一种通用的、异步的接口。这就好比让系统之间的信息交换工作拥有了"通行证"，打破了信息之间的隔阂。

2. 大范围的数据挖掘和决策支持成为可能

如果数据具有不同的表示形式，那么它们之间便不具有可比性，数据挖掘也因此难以进行。比如，经济水平可以用人均收入或 GDP 这两个指标来衡量，但这两个数据之间却无法进行比较。数据标准体系的建设能够规范各个数据的表示方式，使得大规模自动存取数据成为可能。

3. 减少系统交换时的数据转换工作

虽然大部分数据平台都可以实现多数据类型之间的自动转换，但转换过程中仍然可能存在数据丢失等问题，而一致的定义能够保证交换的顺利进行。

4.统一业务与技术部门对数据的理解

数据标准能够架起业务部门与 IT 部门之间的桥梁。此时，业务人员、技术人员在提到同一个指标、名词、术语时便能有一致的理解。

三、数据标准体系的规划

具体来讲，数据标准体系规划可分以下三步进行。首先，企业需要针对自身业务进行建模；其次，企业在业务模型的基础上通过进一步推导得出数据模型；最后，企业可以进一步确定数据关系及数据属性。接下来，我们将会针对数据标准体系规划的三大步骤进行详细说明（见图 5-2）。

业务建模　　　数据建模　　　标准编制

图 5-2　数据标准体系规划的三大步骤

1.业务建模

业务建模包括以下 4 个环节：制定职能域模型、梳理业务过程、分析业务活动和复查与确认。

（1）制定职能域模型

制定职能域的目的是明确数据标准的范围，并按照职能域建立业务模型。比如，职能域可以分为生产职能域、销售职能域、财务职能域等。此外，由于企业的发展会处于不断动态调整的变化之中，因此企业在制定职能域的过程中，需要注意尽可能地将这些变化纳入考量。

（2）梳理业务过程

治水时，只有明确了各水域的治理负责人，划分好其权利与义务，水域才能得到更加细致化、有针对性的管理。治理数据亦是如此，梳理业务过程便是确定各个业务负责人、组合业务流程、命名和定义业务的过程。比如，针对财务职能域，企业可以进一步将其划分为财务计划、资本获取和资金管理这三个业务过程。梳理完成后，企业便可以进一步形成各个职能域的业务过程模型，使业务负责人更好地管理业务。

（3）分析业务活动

在完成上述两个环节后，企业需要在遵循凝聚性特征的基础上，将业务活动分解成最基本的、不可分解的最小的功能单元。这样做的目的是得到每个职能域和业务过程中的业务活动列表。那么，什么是凝聚性特征？它包括以下4个要点：其一，凝聚性活动会产生某种清晰且可识别的结果，例如销售一件商品、产生一个想法或一组方案、完成一次客户服务等；其二，凝聚性活动有清楚的时空界限；其三，凝聚性活动是一个执行单元，它明确规定了是由一个人还是一个小组去产生结果；其四，凝聚性活动在很大程度上独立于其他活动。只要企业在分解功能单元的过程中，按照上述4个要点一一比对企业的活动，便能确保凝聚性特征的落实。只有这样，企业得到的业务活动列表才会有助于数据标准体系规划的后续工作的开展。

（4）复查与确认

为了确保业务模型的科学性，企业需要以自上而下、自下而上或交替进行的方式，反复核实前三个环节。

2. 数据建模

数据建模的主要目的是梳理并确定数据标准的范围与内容，主要包括以下 4 个方面的内容。

（1）确立数据标准体系

根据业务范围与所涉及的实体之间的关系，企业可以以"对象—内容—级别"的三维结构构建数据标准体系。具体而言，标准对象是指各个业务板块；标准内容是指管理类标准、安全类标准和技术类标准等；标准级别则指国家标准、行业标准和企业标准。

（2）设计数据模型

在设计原则方面，企业应遵循继承性、稳定性、前瞻性、动态性四大原则进行数据模型设计。继承性原则是指数据模型要遵循已有的概念，即所建立的模型应该是在已有主题基础上的进一步细化，而不是贸然提出的。稳定性原则是指企业的核心要求在所建立的模型中是稳定的。前瞻性原则是指企业应从业务的未来发展趋势看待模型，在设计上适当超前设计出来的模型是能够适应企业未来业务发展的，而不是固定不变的。动态性原则是指企业应及时更新、维护物理模型和概念模型的对应关系，保持数据模型的动态调整能力。

此外，在设计过程中，企业还应采取用户视图分析的方式开展数据需求分析，从单证、表单、账册中识别和定义业务主题。同时，企业在此基础上形成数据改变模型，并从中提炼逻辑模型基本表。

（3）建立数据概念模型

企业应运用标准建模语言（Unified Modeling Language，UML）建立面向对象的数据概念模型，分析企业的数据实体及其关系。对于数据实体部分，企业应以用户视图为基础模型进行提炼并形成数据库基础操作表。而对于数据之间的关系，企业可以通过可视化视图了解，还可以以数据为连接，定义数据实体之间的关系，如一对一、多对多和一对多等。

（4）建立数据逻辑模型

根据业务实际情况，在数据元属性库中选取必需的属性构建数据逻辑模型。比如，数据逻辑模型的内容可以包括属性种类、属性名称、约束等，其中属性种类可以是标识类、定义类、关系类、表示类、管理类等；而标识类中包括的标识符、版本、注册机构则为属性名称；约束则指该属性名称在数据字典①中的约束，例如用 M 表示必备，O 表示可选，C 表示条件可选等。

3. 标准编制

以数据标准的类别及构成要素为基础编制一套数据标准文档（见图 5–3）。

---

① 数据字典：对数据的数据项、数据结构、数据流、数据存储等进行定义和描述。——编者注

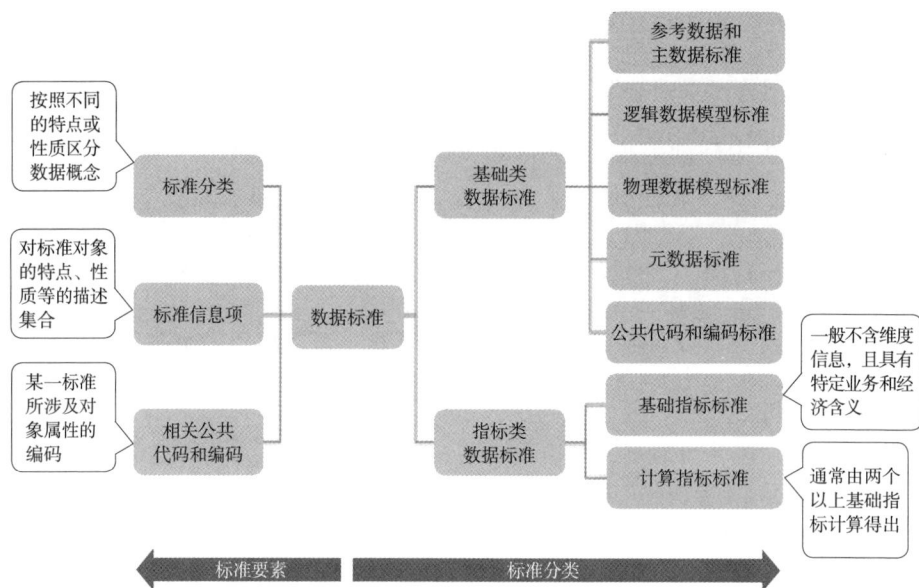

图 5-3 编制数据标准文档

以中国石油天然气管道局为例，它曾规划了管道工程全生命周期数据标准化体系。该标准体系既符合企业的根本战略目标，又满足了其业务需求。可以说，在数据标准体系的帮助下，中国石油天然气管道局真正实现了数据驱动决策这一愿景。那么，它是如何对数据标准体系进行规划的呢？要回答这一问题，还需要从规划的源头说起。

中国石油天然气管道局之所以打算规划数据标准体系，是因为它在梳理数据现状时发现了 5 个关键问题。这 5 个关键问题分别是：各类数据标准不统一、核心业务域数据缺乏条理性和规范性、数据缺乏时效性、数据重复录入现象严重、缺乏对历史数据的有效挖掘和分析。在针对上述问题进行分析后，管理层认为缺少数据标准体系是问题的关键。因此，他们开始建设全生命周期数据标准化体系。

从总体上而言，中国石油天然气管道局对于全生命周期数据标准化体系的规划包括以下 3 个步骤。首先，明确定义处于不同阶段各个业务领域中数据的各个属性，并集合成一本适用于组织整体的数据字典；其次，梳理各个业务板块所包括的数据；最后，对各阶段、各业务的数据制定标准。

在具体的实施过程中，中国石油天然气管道局首先将项目阶段划分为市场开发阶段、投标阶段、启动与规划阶段、项目实施阶段和收尾阶段，并明确了各阶段涉及的业务过程；接着，依据业务分析的需要，对数据、量纲、技术规定、属性规范及口径等进行了定义；然后，将这些信息归类、汇总，集合成一本适用于组织整体的数据字典。如此一来，各类数据就有了统一的标准，此前由于数据标准不一致导致的数据问题被解决了。在数据标准体系下，企业能够立刻使用即时获取的数据进行分析，数据的时效性也得以保障。同时，在编制数据字典的过程中，该企业完成了对各个业务领域数据的全面梳理，重复录入的数据被剔除，缺失信息的数据也得到了补充，数据的信息饱和度迅速提高。这也使得大范围的数据深度挖掘成为可能，企业可以充分挖掘历史数据并进行分析。更让人惊喜的是，上述这些优势并非只停留在理论阶段。在数据标准化体系实施后，中国石油天然气管道局的数据使用效率明显提升，其在数据对接上所需要花费的时间成本大大降低，整体经营效率明显提升。

四、数据标准体系的落地与维护

数据标准体系规划的完成并不意味着结束，污水排放标准在设计完成后尚且需要落地实施和后期维护，数据标准体系亦是如此。

数据标准的落地包括新数据标准体系建设和旧数据标准体系映射。如果企业未曾建立数据标准体系，那么直接参考已定义的数据标准便可；如果企业已经建立了数据标准体系，那么首先需要将已定义的数据标准与企业业务系统、业务应用进行映射。同时，企业要对标准和现状的关系以及落地时可能影响的应用进行标记。完成数据标准映射后，接下来就是落地与执行。这一般会有两个过程：首先，对现有问题进行分析，如数据缺失、不一致等；其次，修正现有问题，如补录数据、修改系统、新建系统等。通过这些措施，企业能够逐步规范数据的建设过程，实现数据标准的落地。

当然，数据标准的落地与执行也能演化成一套系统化的管理办法。中国建设银行自2014年开始便大力开展数据标准落地工程。该企业以IBM的数据方法为基础，结合银行业的业务场景，设计了属于自己的企业级逻辑模型，并依托该模型打造了企业级数据字典。至此，其基础的数据工具建立完成。所谓"好马配好鞍"，好的工具也需要好的管理和规范来支撑。因此，为了管制流程和规范，该企业通过设立数据标准处和架构处，实现了强力度的模型和数据的落地管理。具体而言，该管理方法要求开发人员必须先将设计好的模型提交至负责落地和规范的部门。接着，再由这两组同事将数据字典进行映射。在此过程中，模型中每一个数据项的变化及审核结果都会被记录。只有检查结果全部合规，该模型才能落地；反之，则需要返回开发人员处重新进行模型设计。此外，在传送数据的过程中，各个系统和负责小组会反复检查和核验数据，没有通过检查和核验的数据将无法被传送至后台。可以说，中国建设银行直接从源头处管控数据标准的落地与执行，加大了数据标准落地早期的检查力度。

不过，计划赶不上变化，数据标准也并非一成不变。随着业务的发展，企业的有些标准需要不断地修订和完善。

在维护数据标准的初期，首先，企业需要完成需求收集、需求评审、变更评审、发布等多项工作。同时，企业要对所有的修订进行版本管理，使数据标准"有迹可循"。其次，企业应制定数据标准的运营维护路线图，帮助各部门遵循数据标准管理工作的组织结构与策略流程，使各部门共同运营与维护数据标准。

在数据标准维护的中期，企业主要应完成数据标准日常维护与数据标准定期维护工作。日常维护是指企业根据业务变化，开展常态化数据标准维护工作。比如，当企业拓展新业务时，应及时增加相应数据标准；当企业业务范围或规则发生变化时，应及时变更相应数据标准；当数据标准无应用对象时，应废止相应数据标准。定期维护则是指对已定义发布的数据标准定期进行标准审查，以确保数据标准的持续实用性。通常来说，定期维护的周期为一年或两年。

在数据标准维护的后期，企业则应重新制定数据标准在各业务部门、各系统的落地方案，并制订相应的落地计划。

第二节　数据流通

中国信息通信研究院在 2018 年的一份报告中说："数据流通可以使数据脱离原有使用场景、变更使用目的。数据能够从数据产生端被转移至其他数据应用端，进而释放价值。"可以说，发挥数据价值的关键在于数据流通。正如陈春花教授所言，数据即洞察。然而，目前数据流通中存在的问题却已经成为制约数字化转型的"硬骨头"。比如，海量数据散落在众多机构和信息系统中，形成"数据烟囱"；各机构数据接口不统一，难以互联互通；数据开放共享被严重阻碍，数据资产相互割裂、自成体系；等等。这些问题都亟须解决。数据流通的基础是数据的集中管理，企业应在集中管理的基础上，分级、分权限地管控和使用数据，以保障数据资产的安全。

一、数据集中：数据汇流的枢纽

在很多时候，企业只有整合不同来源的数据，才能获取有效的分析结果，因为不完整的数据将导致错误的分析结果。数据集成便是在逻辑上或物理上有机地集中不同来源、格式、特点性质的数据，并将它们存放于同一个数据存储容器（如数据仓库）的过程。数据集成是为了企业后续的数据挖掘和分析工作能够顺利展开。比如，一家企业可能存在多种形式的数据源，有文本文件、表格文件、关系性数据库等，为了方便数据的统计分析，企业需要把这些数据源统一放在一个容器中。这个容器可以是数据库、文本文件甚至平台。这样的过程就叫数据集成。

1. 数据集成的意义

我们举例说明。某企业是一家业务复杂且高度分散的世界级企业，与30多个国家的经销商、众多制造厂商、上千个独立零售商都有合作。在这种情况下，对其物流管理而言保持所有零售商店库存维持在最佳水平是一个巨大的挑战。糟糕的是，该企业并没有一个集成的系统可以跟踪订单、确认发货和开发票。而且，该企业每个经销商的系统都分散在外，他们无法自主与企业系统取得连接。这就导致该企业需要处理50多个不同的系统，也因此根本无法快速、简单、集中地查看和处理信息。如此一来，企业的业务运作效率长期处于低下水平，也很难保证将合适的产品在合适的时间准确地送到经销商的手中。这就意味着，经销商会因为没有存货而无法购买销量最好的产品；但一部分因销量惨淡而导致库存积压的产品却在持续消耗整条供应链的成本。该企业的数据集成经理对此解释道："为了兼顾库存与经销商的需求，我们依靠售前数据管理已经生产和交付的库存量，所以需要数据尽可能地准确。但是，现在没有中心资源将我们的数据整合在一起，这几乎就是一项不可能完成的任务。"尽管该企业的业务在持续增长，但是除非低效率运作这一问题得到解决，否则其获利能力前景堪忧。

对此，该企业建立了一个数据集成平台，以此管理一切。通过新平台，该企业不仅能够集成之前需要处理的50个不同的平台，还可以用一个大型仓库储存所有经销商的货物，并且通过控制运作中心，将合适的产品在合适的时间准确地送到经销商的手中。另外，新平台也为经销商和制造商提供了便利。所有的经销商都可以实时连接数据集成平台，随时满足自己的订货需求。同时，制造商也可以通过数据集成平台，随时监测并调整生产计划。集成平台的落成使得该企业的销售额增加了80%。该企业数据集成经理说："现在，当货物离开工厂时，我们立刻就能得到详细的运输信息。这样，我们便可以更快速地发现产品库存变化并进行相应调整，运作效率加快的同时成本也大大降低了。"

由此可见，数据集成平台能够打破企业的信息孤岛。在成功建设数据集成平台之后，各部门之间在数据方面将实现互通互联、信息共享。各层级的业务决策也能得到有力的数据支撑。更重要的是，该方案还能降低管理、维护和集成数据的成本。

2. 数据集成的实施内容

总体而言，数据集成平台的建设包括以下3个步骤：制定数据集成交换规范、搭建数据交换平台和实现数据交换管理。

（1）制定数据集成交换规范

数据集成交换规范共包括以下5个方面的内容：①数据格式规范。该规范定义了系统集成的数据类型及数据长度。②服务报文技术规范。该规范定义了每个系统在接收或发送数据时所要遵循的原则，如请求报文、传输信息和日志反馈等。③服务安全技术规范。该规范定义了系统中传输安全和访问安全的标准。④服务接入规范。该规范建立了超时时间设置、消息指令标识、重发、重复信息识别和异常信息处理等机制。⑤服务交互模式规范。对数据的交换和共享，分层、分级管理等进行相关定义。

此外，确立数据集成范围也很重要。企业需要根据业务需求，确定被采集数据的业务活动范围、系统范围和外部数据范围。

（2）搭建数据交换平台

企业可以通过了解源系统和数据交换需求，建立合理的集成方案。数据交换平台的搭建可以帮助企业实现三大功能：①服务发布管理功能，包括完善的功能对接能力、外部功能及系统的接入、对服务进行版本控制；②服务目录功能，如发布服务、查询服务注册库和管理服务注册库等；③服务监控功能，如全生命周期的服务管理、动态调用管理和服务编排能力等。由此可见，在数据交换平台搭建完成后，企业各应用系统之间的信息得以打通，各部门信息共享也得以实现。

（3）实现数据交换管理

它可以帮助企业具备以下4种能力：①服务路由能力，即通过流程化的方式，有机地组合和串联各个服务和数据处理组件。如此一来，数据便可以自动分配消息的传播。②服务调用能力，即支持对服务进行多种模式的动态调用，如同步调用、同步单向调用等。③消息处理能力，即帮助企业验证消息的合法性。同时，企业也能通过可视化配置实现对消息的验证。④日志处理能力，即记录系统产生的所有行为，并按照某种规范表达出来。

值得注意的是，在数据集成过程中可能会有系统关系复杂、数据结构存在差异和数据质量差等风险。因此，企业应采取相应措施：第一，针对系统多、关系复杂这类风险，企业在数据应用方面采用更严格的集成规定，包括不断优化数据在应用方面所产生的工作并在业务运营方面建立独立系统，最大限度地实现企业数据集中。第二，针对开发平台不同、数据结构有差异这类风险，企业应对分散数据的集成风险进行全方位的了解。对于多系统导致的数据分散问题，集成前，企业须考虑其相互之间的对应关联性，尽可能地减少数据协调性问题。第三，企业应对数据质量参差不齐这类风险保持警惕。有质量问题的数据并非一无是处，它们映射着管理问题，企业通过数据挖掘可能会发现其中隐含的集成线索。

二、数据管控：数据调度的闸门

数据管控是指企业明确数据管控的职能领域、管理活动，制定数据管理制度和流程，以及对数据管控功能的重新梳理、规划和有机集成。其目的在于迅速、完整、准确地记录与保存已获得的数据，以此保证数据的准确性、可靠性和完整性，从而让数据产生价值。数据管控由多个活动组成，是对数据的全生命周期进行管理的过程。从产生数据到销毁数据，从数据计划制订到数据计划实施，数据管控需要在数据生命周期的各个阶段发挥作用，这样才能在利用数据的同时让数据的价值得到提升。具体而言，数据管控包括以下 8 个部分：数据标准管理、数据模型管理、元数据管理、主数据管理、数据质量管理、数据安全管理、数据共享管理和数据价值管理。

1. 数据管控的意义

为了更清晰地阐述数据管控的意义，我们将分别从数据管控包括的 8 个部分进行分析。

如果数据标准是一系列数据字典的纲目，那么数据标准管理便是一套数据维护标准，它能够帮助企业更好地促进数据流动。数据模型管理则可以帮助企业解决在数据建模过程中遇到的一些问题，例如数据模型的设计和数据标准字典不同步，模型审核发布不到位，缺少在模型变更前的合理性判断过程，缺乏对模型修改过程的监管和管理，版本管理不到位等。

随着数据的流动与整合，元数据管理和主数据管理活动也必不可少。元数据的定义是"关于数据的数据"。所谓元数据管理，是指在逻辑层面上对元数据进行分类和存储，在使用层面上对数据进行分析和检索，从而让数据分析人员快速理解数据的含义与上下文的关系。主数据是一个组织里最核心且不常改变的共享数据，数据标准管理和主数据管理能够提供数据的"黄金版本"。数据安全管理、数据质量管理和数据共享管理贯穿整个数据管理活动。数据安全管理能够保证在使用数据的过程中对其进行有效的认证、授权、访问和审计，从而确保数据交换、流动和使用的安全。数据质量管理则是在数据管理过程中不断提升数据质量的诉求，通过持续监控数据质量，促进数据管理活动的开展。数据共享管理则是为了监督与管理数据的内部共享、外部流通、对外开放等过程，从而避免在这个过程中可能存在的数据污染和数据泄露。数据价值管理则是为了便于数据价值在后续能够转换为各类价值，如管理价值和经济价值。

2. 数据管控的实施内容

在进行数据管控时，企业应该考虑两个重要因素——企业战略和发展阶段。关于企业战略的考虑，是指企业在进行数据管控时应从整体角度加以规划。由此，企业才能充分调动各业务线和各层级员工的积极性，实现企业内部上下联动。而关于发展阶段的考虑则是指企业应该认识到，数据管控是一个长期过程。随着数据质量的变化，企业对于数据治理各个部分的需求存在细节程度和轻重缓急方面的差异。因此，企业在进行数据管控的规划和建设时，应按照优先级对各部分开展规划和建设。

（1）数据标准管理

数据标准管理是推动数据开放共享的有力措施。它是指通过制定和发布统一的数据标准，实现数据的完整性、有效性、一致性和规范性。具体而言，它包括数据标准管理的制度体系和管理工具。其中，制度体系由数据标准的管理办法文件、规范文件和操作文件构成。而管理工具则用于标准生成、标准映射、变更查询、映射查询、维护标准、标准版本查询、标准导出和标准文档管理。

以阶段划分，数据标准管理包括标准的分类规划、体系建设、评审发布、落地执行和运营维护。

在分类规划阶段和体系建设阶段，企业应根据数据需求开展数据标准的编制工作，具体包括确定数据的数据项以及根据所需数据项提供属性信息，如数据的名称、编码、类型等。在完成这两个阶段的工作后，企业便能对数据项进行标准化定义。当然，标准化定义所依据的标准并不是唯一的，企业可以利用国际、国家或者行业标准，也可以依据自身情况建立新标准。完成数据标准化定义后，企业便能将这些标准提交审核。进入标准评审发布阶段后，企业需要审查数据标准是否符合应用、管理和战略需求。如果不符合，数据标准则不能通过审查，企业需要对其进行修订，直到满足要求为止。当数据标准通过审查后，企业便可以将其与业务系统、应用和服务进行映射。值得注意的是，在这个过程中，企业需要注明标准与现状的关系，以及可能影响到的应用。如果企业系统是新建的，那么直接应用定义好的数据标准即可；如果企业存在旧系统，那么我们建议企业先建立旧系统与已定义数据标准之间的映射关系，然后进行数据转换，逐步落地数据标准。除了构建数据本身的标准化规则，企业也需要重视标准化流程的管理。因为管理过程必然会涉及新旧系统、不同部门、不同业务间的冲突，如果解决不好这些问题，那么数据标准化可能会失败。因此，充分做好影响评估和与相关各方的沟通工作是数据标准落地过程中的重要环节。数据标准落地后，企业便进入运营维护阶段。在这一阶段，企业需要时刻关注标准体系的运用，并结合出现的问题或自身需求的变化对其进行调整。

（2）数据模型管理

数据模型中存在的诸多问题决定了数据模型管理的必要性。那么，到底有哪些问题呢？

第一个问题，数据模型的设计和数据标准字典不同步。虽然有的企业可能已经建立了数据标准字典，但它们并没有将这一标准与模型同步。这就好比你明明已经拥有了一个好的工具，却没有实际运用它。

第二个问题，模型审核发布不到位，在变更模型前缺少合理性判断过程。在现实中，很多企业的项目都是以开发为主，开发人员决定是否变更。管理得稍好一些的企业可能会追究变更是否合理，但大部分企业都忽视了判断变更是否合理这一过程。

第三个问题，模型修改过程缺乏监控和管理。尽管模型的变更已经通过评审，但在实际操作中，企业是否真的执行了原来提交的操作方案也是不得而知的。

第四个问题，版本管理不到位。在实际执行过程中，很多人可能会由于工期特别紧张而直接将脚本写进生产库，没有进行版本记录，甚至可能连模型已经变更完成都不知晓。在这种情况下，一旦模型在即将上线时出现问题，企业再回头调查问题就很难找出问题所在。就算辛辛苦苦找出了问题，很多企业在解决这个问题之后也需要进行复盘，这会产生更多数据，使得很多企业的数据模型如同一个黑箱，其中包括大量的表和结构，但能说清楚的比例却极低。而数据模型管理就是解决上述这些问题的有力武器。

那么，数据模型管理应该如何实现呢？我们认为，企业可以从以下 3 个方面着手：岗位设置、管理工具和管理流程。

岗位设置方面，为了做好前期管理，企业中至少需要一个架构师来负责数据建模、标准管理等方面的工作；管理工具方面，企业应借助数据建模、标准变更的相关工具完成数据模型管理的相关工作；管理流程方面，企业应把模型变更流程纳入生产管理流程。

银行业在这一点上做得是比较好的，它们会在企业内部设置专门的岗位，相关岗位上的工作人员不仅需要依据企业内部的审计标准，在模型变更之前对新模型进行合理性判断和评审，还需要监测在实际变更过程中，原有规划方案是否被完全落实。在模型变更完成之后，他们还需要留意模型与数据库之间、与数据库对象不同版本之间的比对，一旦发现问题，就会立刻进行版本记录的更新。

（3）元数据管理

元数据管理主要解决以下 3 个问题：第一，通过建立相应的组织、流程和工具，推动业务标准的落地实施，由此消除企业员工对于指标的认知歧义；第二，基于业务现状和未来的演进方式，对业务模型进行抽象处理，制定清晰的主题、业务过程和分析方向，构建完备的技术元数据，对物理模型进行准确、完善的描述，同时，还要打通技术元数据与业务元数据的关系，能够对物理模型进行完备刻画；第三，通过元数据建设，解决"寻找数据、理解数据、评估数据"以及"获取数据、数据可视化"等难题。

我们以美团配送技术团队为例，对元数据管理的实施进行说明。为了保障业务标准的顺利实施，美团成立了度量衡协会和指标运营机制。同时，美团基于配送业务的现状和未来演进方式进行业务抽象，完成了主题、业务过程和分析方向等元数据内容的建设。配送即物流，通过线上系统和线下运营，美团将用户的配送需求和企业运力进行有效的资源配置，以此实现高服务体验、低成本的配送服务。对外，美团通过平台化的方式将配送服务提供给用户、商户和电商平台，满足了不同用户在不同业务场景下的配送需求；对内，美团通过不同的调度模式将运单池中的运单调度给合适的骑手，使其完成履约，从而促使规模、成本与体验之间达成平衡。美团还基于以上业务模式划分出运单主题、调度主题、结算、评价、投诉、取消主题和管控主题等各种主题，并在每个主题下配备了对应的业务过程。这些措施为物理模型的刻画提供了基础数据。此后，美团还打通了元数据从采集到构建再到应用的整条数据链，解决了该企业"寻找数据、理解数据、评估数据"以及"取数、数据可视化"难题。由此，美团的数据地图和数据可视化得以实现。大家对于数据可视化基本都能理解，数据地图是什么呢？顾名思义，数据地图是指能够帮助面对茫茫"数字海洋"不知方向的使用者找寻方向的一份"地图"。数据地图可以帮助人们通过向导查询的方式了解企业整个数据仓库的体系。比如，数据仓库分几层、每层解决什么问题、孵化出什么模型、指标和维度体系怎么分类等。数据地图还可以告诉使用者每个指标的技术实现逻辑以及在哪些维度，抑或是能够在哪张表里找到这些维度。与此同时，它也可以帮助使用者了解在某个维度下已经实现了哪些指标，进而让用户更加方便地找到想要的数据。由此可见，元数据管理的实现为企业数据管理活动带来了相当大的便利。

（4）主数据管理

企业主数据是指企业内一致使用并共享的业务主体数据。主数据管理不仅管理硬件和软件，还包括将数据作为重要资产管理的思想和办法。可以说，它是一整套用于生成和维护企业主数据的规范、技术和方案。主数据管理的目标是提供一个准确、及时、完整并使用于业务的主数据来源，以支持业务流程和交易。目前，大多数企业在主数据管理方面存在以下问题：关键信息存在孤岛、不能跨组织传播、组织内不能就一个主数据源达成一致等，进而导致决策者基于错误数据做出了错误的决定。

面对这些问题，企业应该如何做呢？我们以某个集石油、天然气、煤炭等多种资源发展为一体的大型能源化工企业为例。2015年，该企业启动了主数据项目建设，启动原因有二：一是标准不统一、信息系统集成难；二是主数据源不统一。在项目实施过程中，该企业通过构建集团主数据标准管理体系，统一了企业公用数据信息的标准、来源和管理。这一措施成功地解决了其数据不通、数据不一致、分类口径差异较大等问题。另外，该企业通过建设主数据标准，制定了通用基础类、单位类等十大类主数据标准，并且贯彻落实了这些标准。与此同时，该企业通过搭建主数据管理平台统一管理各类数据标准及数据明细。这一举措为企业及下属单位的信息系统提供了公共、开放、统一的数据共享服务。更令人惊喜的是，该企业还形成了主数据标准及运维管理体系，确保了集团公司主数据管体系的平稳运行。经过上述措施，该企业的主数据管理很好地解决了其数据标准不一致、主数据源不一致的问题。

（5）数据质量管理

数据质量管理是指对数据各阶段可能出现的质量问题进行识别、度量、监控和预警等一系列管理活动。其目的是通过改善和提高组织的管理水平，进一步提高数据质量，为企业赢得经济效益。但是，数据质量管理并不仅仅是一个概念、技术、系统和管理流程，它还是一个集方法论、技术、业务和管理为一体的解决方案。

上海浦东发展银行（以下简称"浦发银行"）就是实施数据质量管理的一个典型案例。该银行之所以进行数据质量管理，是因为其面临内外两大困境：

一方面，外部监管对数据质量要求日益严格。对监管数据要求的变化体现在数据粒度不再局限于指标类数据，还需要账户级、交易级的明细数据。同时，该银行建立了日益明确的数据质量标准，一旦发现问题，相关工作人员便会快速响应并及时整改。另一方面，基础数据质量决定了顶层决策的精确性，内部精细化管理依托于高质量的数据。因此，银行内部所有人员均必须掌握更灵活、丰富的数据来源。这一切都对浦发银行的数据质量管理提出了更高的要求。

对此，浦发银行切入管控过程中的难点和痛点，尝试建立了全覆盖、高效、持续的数据质量管控体系。在管理方面，浦发银行通过成立"数据治理工作领导小组"，为研究和决定数据治理重大决策和事项，协调各部门的重要问题提供了平台。各部门可以通过该平台提出问题，这一过程由工作小组决策和监督执行。同时，该银行还制定了数据质量管理目标并纳入考核，通过将质量管理要求传达到一线，以点带面，调动组织上下共同为数据质量管理做出贡献。在科技方面，浦发银行将数据质量管理融入数据全生命周期，即在数据创建、存储环节增加质量准入检查、数据清洗等工作；在数据加工、使用环节中加强全流程的数据质量监控；在数据销毁后同时撤销质量监控等。此外，针对客户标签、大数据平台等数据高度集中的产品、系统或平台，浦发银行还搭建了全面、自动化、可视化的数据质量跟踪监控机制。这样一来，该行便能确保在任何环节的数据发生变化时，相关人员都能及时发现、及时处理、及时上报数据异常情况，每个环节中潜在问题的影响被大大降低。在业务方面，浦发银行定期与负责合规监管等部门联合开展业务的专项数据质量培训。同时，它还结合业务流程"差异化"落实质量管控要求，指导业务部门在制定业务流程规范中加入数据质量管控要求。比如，通过优化业务流程表单设计，建立柜员操作规范，加强数据录入审核等手段，从而减少或避免数据质量问题的发生。此外，浦发银行还制定了数据质量考核评分卡，将客户信息采集、经营统计分析等与业务操作关系密切的工作纳入总行及各分行的数据质量考核。

目前，浦发银行已在新一代管理会计项目中开展了数据质量管理实践，并取得了很好的效果，具体体现为：其一，各阶段数据质量问题的发现比例大幅降低，增加了业务使用数据的可信度；其二，可快速定位问题，决策层、管理层和执行层对数据质量有直观的掌握，这更有利于加快推进数据质量问题的解决。而且，随着质量控制及问题的持续改进，数据的完整性、准确性、及时性都得到了稳步的提升。

（6）数据安全管理

随着大数据的发展，有关数据安全的事件时有发生。数据资产管理正在由传统分散式的人工管理向计算机集中化管理方向发展。中国信息通信研究院发布的《大数据白皮书（2019）》显示：近两年来，各国在数据合规性方面的重视程度日益提高。归根结底，数据安全事件频频发生的根本原因在于企业在数据用户、权限、密级等方面的管理规范不足。而数据安全管理的制定和实施正是解决这些问题的关键举措。

从内容上看，数据安全管理是指计划、制定和执行相关安全要求，以此确保数据资产在使用过程中有恰当的认证、授权、访问和审计等，最终实现"事前可管、事中可控、事后可查"。

从实施方式上看，数据安全管理应贯穿于数据治理全过程，保证管理和技术齐头并进。在管理方面，企业应该建立数据安全管理制度、设定数据安全标准、培养全员数据安全意识。在技术方面，首先，企业需要围绕数据安全标准确定数据的分级、分类标准，确保数据在上线前就有准确的密级。其次，准确把控数据采集的红线。比如，针对欧盟范围内的国际业务，应参考《通用数据保护条例》的相关规范。再次，针对数据使用方，要有明确的角色授权标准。企业可以通过分级分类和角色授权，保障重要数据"拿不走"。此外，针对敏感数据，要有隐私管理标准，保障敏感数据的安全存储。即使未授权用户绕过权限管理拿到敏感数据，也要确保其"看不懂"。最后，企业还可以通过制定审计标准，为后续的审计提供依据，确保数据"走不脱"。

（7）数据价值管理

德勤与阿里研究院在2019年的《数据资产化之路——数据资产的估值与行业实践》中提出了对数据价值管理的定义，它们认为数据价值管理包括成本管理和收益管理。由于数据交易在法律和道德方面的限制性，因此交易双方存在合规成本和安全成本。成本管理就是针对以上这些成本的管理；收益管理则是指对数据资产的质量和数据资产应用价值的管理。

做好数据价值管理的关键在于数据价值评估，这个评估包括评估方法和流程。具体而言，数据价值的评估方法与无形资产的评估方法相同，即成本法、市场法和收益法。至于数据价值的评估流程，我们以淘宝店铺为例进行说明。经过多年的快速发展和业务累积，如今线上店铺与传统线下销售的实体店铺一样成为有价值、有需求的交易标的。线下店铺可以通过协议转让方式进行有偿出售，而线上经营的淘宝店铺由于不具有实物形态，在法律体系中未把虚拟店铺作为一项资产进行确权。即便如此，淘宝店铺也因为在经营中积累了大量的粉丝数据、消费者数据以及店铺经营成长数据，变成了一个不可忽视的"数据资产"载体，市场中也确实存在一定数量的转让交易案例。同时，近年来在不少涉及淘宝店铺的案件中，法院会将淘宝店铺作为合伙或夫妻共同经营的资产进行判决分割。在这些转让交易过程中，会涉及对淘宝店铺数据价值的评估。在对数据价值进行评估时，我们需要找出影响该数据价值的因素。对于线上淘宝店铺而言，由于购买者会关注淘宝店铺的等级、历史交易情况、未来成长空间等因素，因此淘宝店铺价值的影响因素就包括店铺自身的经营标识，如店铺等级、好评率等，以及客户数量、订单信息、客户消费特征等。

在明确影响数据价值的因素后，需要进一步找出其价值的驱动因素并进行资产识别。线上淘宝店铺共包括两部分资产：其一，店铺品牌，包括店铺本身的等级、店名等；其二，客户关系，在传统实体交易场景下，消费者关系通常难以被确认为资产。这是因为商家通常无法掌握客户信息，因此难以进一步维护现有客户。随着线上店铺的产生，消费者关系有了数据载体。商家可以通过数据维系客户并精准营销，消费者数据逐步成为销售增长的重要驱动因素。店铺购买者也从过去只关注店铺情况本身，逐渐转向更为关注店铺承载的消费者数据。因此，对于线上淘宝店铺而言，客户关系本身可被视作一项数据资产。明确了线上淘宝店铺的资产构成后，就可以对其进行价值评估。由于品牌属于传统的无形资产，因此已有较为成熟且通用的评估方法，一般通过收益法进行评估；对于客户关系，数据是客户关系的载体。某一个时点的消费者数据具有有效期限，当数据对应的消费者逐步流失时，其数据载体的价值也会随之下降。因此，可以采用传统评估客户关系的收益法对其进行评估。

（8）数据共享管理

数据共享管理是指开展数据共享和交换，实现数据内外部价值的一系列活动。它的内容包括数据内部共享、外部流通、对外开放和对整个过程的监督管理。

数据共享管理的呈现形式多种多样，有共享数据平台、开放数据策略等。共享数据平台是指一些企业因达成战略合作伙伴关系而搭建一个专有的数据平台进行数据交换和共享，实现互惠互利，并提升双方的运营效率和业绩水平。甚至，成员企业可能因此开发出新的产品、服务，或者大幅提高原有产品、服务的性能和水平。空中客车公司（下文简称"空客"）就是这方面的典型案例。该企业于2017年6月推出一个聚焦于网络的集中、安全的航空数据共享平台。加入该平台的航空公司分享的数据，使得其他飞机制造商能够改进其飞机和设备设计，并完善服务。作为回报，参与平台的航空公司也可以根据空客收集和处理的数据定期收到免费报告，这些数据有助于它们提高服务质量和效率，获得竞争优势。共享平台推出之后，其成员企业的效率和客运量都有显著提高。

数据开放策略是指企业免费共享数据。当然，企业偶尔也可以要求支付成本价以促进新产品和新服务的开发。采用这种形式的企业非常少，且多集中于能源领域，例如 Enedis。Enedis 是一家法国公司，起初它基于其法定义务向第三方共享能源分配和消费数据，现在则是根据自身制定的战略实施数据开放策略，欧洲能源数据网一直在与其共享能源的分配和消费数据。由此可以证明，Enedis 的数据对于在能源市场和服务、可再生能源、智能建筑和智能住宅等不同部门开展业务的公司很有价值。

　　数据共享管理的实施步骤，一般包括以下 6 个步骤：定义数据共享监控指标，设计数据共享管理方案，制定数据共享管理办法和实施流程要求，监控数据共享实施，监督落实数据共享合规性管理要求，分析数据共享效果。其中，最值得注意的是监督落实数据共享合规性管理要求这一步。对此，我们以无界开放（Application Program Interface，API）银行为例进行说明。API 银行是以 API 架构驱动的一种全新运营模式的银行。它以开放、共享、高效、直达的 API 开放平台为承载媒介，将多种能力输出、嵌入各个合作伙伴的平台和业务流程中。因此，它能够形成跨界金融服务，全天候为客户提供优质便捷的金融服务。而开放 API 接口的核心和基本要求是数据共享。也就是说，在 API 银行中金融数据会与第三方合作平台交互共享。然而，由于金融数据高敏感性、高安全性的要求，以及个人金融信息的高保密要求，再加上银行业本身的重度监管属性，金融数据交互共享的合规性就显得尤为重要。

　　针对这一问题，应先划分金融数据，为后续的开放权限划分和金融数据差异化安全管控打下基础。商业银行的金融数据种类繁多，其中不仅包含个人的身份、财产、信用、交易等个人金融信息，往往还会涉及金融业重要数据、商业机密数据等内容。金融数据的划分有两方面的益处。一方面，它可以保障银行根据自身金融数据保护能力选择暂不开放或者分步骤开放有关敏感金融数据，对个人金融信息进行脱敏处理或确保第三方合作平台不会泄露；另一方面，它可以使银行针对不同级别的金融数据采用不同级别的安全管控措施，比如对于敏感程度较高的金融信息可以仅开放读取权限，对于一般级别的金融信息则可以同时开放读取和写入权限。在完成金融数据划分后，便可以实施数据共享，这也是 API 银行的核心。保密是银行业的基本要求，数据共享则意味着被共享主体也会知晓个人金融信息。如果被共享主体泄密，就意味着银行泄密。因此，被共享方需要和银行一起承担保密义务。API 银行合作平台分布在各行各业。因此，选择诚信、合法合规经营、有金融数据保护能力的共享方尤为重要。另外，银行还有可能因为使用了第三方合作平台非法获取的金融数据而被"传染"。比如，Facebook 之所以泄露用户信息，就是因为 Facebook 通过开放 API 接口进行数据共享，而这些数据经第三方泄露后被用于定制化的广告投放。虽然 Facebook 并非直接侵权人，但因其是数据的源头和共享方，所以同样成为相关责任的承担者。如果 API 银行中出现第三方数据泄露或数据滥用也是如此，商业银行会率先面临诉讼和处罚。由此可见，商业银行在通过 API 银行与第三方平台合作时，必须全面了解、评估第三方合作平台的过往诚信情况、数据来源、保存和使用情况以及数据保护能力等。商业银行应通过全面的调查判断开放 API 接口的风险。具体而言，商业银行可以在根据金融数据的划分确定了安全保护等级要求后，再去匹配、评定第三方合作平台的金融数据保护能力。同时，商业银行还需要视情况通过有关协议安排，进一步强化第三方合作平台数据违规的违约责任。

第三节　数据应用

陈春花教授曾说："数字能帮助我们真正和客户走在一起。"然而，现有数据应用并不能很好地解决实际问题。大多数企业对于数据资源的利用流于形式，数据之"沙"难以汇聚成"塔"。因此，高度结合自身业务和战略需求进行数据应用才是企业未来不断改进的方向。我们将以数据管理驾驶舱和数据建模应用为例，详细论述数据应用应如何与业务和战略高度结合。

一、数据分析建模

如果把采集数据、清洗数据比作"买菜"和"洗菜"，那么分析与建模的过程便相当于"配菜"的过程。企业想让数据发挥什么价值，达成什么目的，就要怎么去"配"数据。在配菜时，如何搭配不同的菜、用什么样的餐具呈现食物等，都会影响人们对菜品的评价。而且，如果我们在制作前就能够准备好所需要的主料、调料等，就能够提升炒菜的效率。尤其对于正规餐厅来说，备料显得更为必要，他们往往需要将大量的食材提前分类、处理并放到恰当的位置上。如果厨师每做一道菜都要从寻找食材开始，那么这家餐厅可能不出一天就要倒闭。数据也是如此，数据建模对于数据分析来说，就像配菜对于厨师做菜一样不可或缺。简单来讲，数据建模就是把来自各个数据源的数据根据一定的业务规则或者应用需求重新进行规划、设计和整理。

菜品少则几种，多则几十或几百种，而不同数据源、不同类型、不同维度、不同关联的数据排列组合起来可以有亿万个结果。比如三大运营商内部和业务、流程、管理相关的 IT 系统至少有 100 个，这也就相当于 100 家餐厅。可以想象一下，要经营这样 100 家具有完全不同种类的菜品并使用不同原材料的餐厅，还要准确无误地处理每一种原材料，并让它发挥营养价值，只用人工是很难完成的。

正因如此，目前支撑数据分析建模的不仅有各类数据建模工具，还有各类理论和方法。在理论方面，有两种被广泛应用的建模方式。第一种，维度建模。它类似于按照既定的"菜谱"进行建模。第二种，范式建模，即将数据按类型摆放。这相当于大部分商家在上菜时，会将每个菜品单独摆成一盘，比如一盘五花肉、一盘鸡翅等。

各大数据分析厂商经过不断的实践和研究，并结合每个行业的业务特点，为一些行业量身定制了标准的数据模型。比如，新零售、制造业、服务业等的业务模式存在很大差异，其数据模型也就不同。

1. 企业数据分析建模的意义

企业之所以需要数据模型，是因为计算机不能直接处理现实的事物。人们只有将现实事物转成可量化的数据，使其被计算机识别处理，才能发掘难以察觉的现象。

比如，在超市里，各个不同类型的商品往往会被摆放在不同的区域，以便顾客更快速地找到自己想要的商品。而在大众的认知里，啤酒和尿不湿这两种看似无关的商品一定是会分开摆放的。但沃尔玛却将这两种商品放在同一个货架上。之所以会有这样的安排，是因为沃尔玛对往年的顾客消费数据进行分析时发现在很多尿不湿卖得好的门店，其啤酒的销量同样很大。这可能是因为男士在被妻子派去买尿不湿时，会为自己买两罐啤酒，而实地考察数据显示确实如此。由此，沃尔玛打破传统的货物区域划分，把啤酒和尿不湿放在了同一个货架上。这种调整很快有了效果，沃尔玛吸引了更多的年轻客户，啤酒和尿不湿的销量大幅增长，相关产品的销量也有所增长。这就是利用数据建模进行精准营销带来的好处。

当然，数据分析建模的应用领域远不止于市场营销。华尔街的德温特资本市场公司运用数据建模分析了全球 3.4 亿微博账户留言。该企业通过分析发现，人们处于不同情绪时会产生不同的行为，高兴时，人们会买股票，焦虑时则会抛售股票。该企业依据这样的结论决定了企业买入和卖出股票的时间点。实施这个方法后的第一个季度，该企业的收益率增长了 7%。

2. 业务的分析建模的实施内容

2020 年，新型冠状病毒性肺炎（以下简称"新冠肺炎"）在世界范围内快速扩散，各国积极进行疫情防控防治工作。目前，随着新冠肺炎新增病例逐渐减少，政府面临新的难题：如何在顾及疫情管控的同时，定制相对合理和安全的复工与人流管控方案？对此，深圳市结合多源时空大数据与流行病学动力学传播模型，针对深圳市陆续复工、复产的场景，分析了新冠病毒在深圳市的传播风险与时空分布。

首先，深圳市以经典流行病模型为基础，对新冠肺炎在深圳市的传播进行模型上的优化；其次，深圳市通过市民的手机定位数据，精确构建了人群移动的网络模型。然后，深圳市根据各区域的监测数据，评估出不同区域被感染的概率。在综合上述 3 个方面后，深圳市便成功地模拟了深圳市民的移动在空间和时间上对新冠肺炎传播的影响。当然，这样的一个模型还需根据实际情况调整。比如，新冠肺炎暴发时间、重点疫情区域、蔓延速度以及不同的防控措施都会对模型结果产生影响。深圳市便结合上述因素形成了最终的模型。该模型一经应用，效果很好。模型数据显示，当复工率达到六成时，深圳市的综合收益相对最高。而且，错峰上班可以有效降低病毒感染风险，将上班时间提前到早上 8 点比推后至 10 点上班的防疫效果更好。

此外，随着科技的进步，数据建模已经从静态建模走向动态建模，其中最典型的代表是各类 App 的推荐机制。如果具化地描述各类 App 推荐机制，它实际上是拟合一个用户对内容满意度的函数，这个函数有 3 个变量。第一个变量是内容。以今日头条为例，它现在已经是一个综合性的内容平台，包括图文、视频、UGC 小视频、问答、微头条等。其中每种内容有很多自己的特征，因此在模型设计时需要考虑怎样提取不同内容类型的特征并做好推荐。第二个维度是用户特征，包括各种兴趣标签、职业、年龄、性别以及隐性用户兴趣等。第三个维度是环境特征。移动互联网时代，用户随时随地移动。在工作场合、通勤、旅游等不同的场景，用户的信息偏好有所偏移。结合以上 3 个方面的维度，今日头条的模型会给出一个预估，即推测推荐内容在这一场景下对这一用户是否合适。在推荐模型中，点击率等可量化目标能够用模型直接拟合并预估。但大体量的推荐系统不能完全依赖于指标评估，引入数据指标以外的要素也很重要，比如广告和特型内容频控。同时，平台对于内容生态和社会责任的考量，如对低俗内容的审核、重要新闻的置顶等都是算法本身无法完成的。

　　这些应该如何实现呢？如果把推荐机制比喻成一栋楼房，模型就是这栋楼的架构，它决定了最基础、最框架性的东西。但是除了模型，楼房的布局也很重要。推荐特征便是这样的存在。总体来看，主要有 4 类特征会对推荐起到重要作用。第一类是相关性特征，即评估内容的属性与用户是否匹配。显性的匹配包括关键词匹配、分类匹配、来源匹配、主题匹配等。第二类是环境特征，包括地理位置、时间等。第三类是热度特征，包括全局热度、分类热度、主题热度和关键词热度等。第四类是协同特征，它可以在某种程度上帮助解决算法越推越窄的问题。协同特征是通过用户行为分析不同用户间的相似性，如点击相似、主题相似、兴趣词相似等，从而扩展模型的探索能力。

　　目前，推荐机制大体已经相对完善，但要想迅速抓住客户，推荐速度也十分重要。这就引出了模型训练的问题，而这也是动态建模区别于静态建模的关键部分。接下来，我们以今日头条为例进行说明。

　　在模型的训练上，今日头条系采用实时训练，这种方法既节省资源，又有很快的反馈速度。整体训练过程先由线上服务器记录实时特征，再导入文件队列中。进一步，导入集群消费数据，之后，客户端传回推荐的训练样本。随后，根据最新样本进行在线训练更新模型参数，最终更新线上模型。这个过程中主要的延迟在于用户的动作反馈延时，因为推荐文章后用户不一定马上浏览文章。如果不考虑这部分时间，整个系统是几乎实时的。同时，考虑到今日头条内容量大，不可能所有内容全部由模型预估，因此今日头条还采用了倒排的召回策略。具体而言，这个倒排的关键词可以是分类、实体、来源等；排序要考虑热度、新鲜度、动作等。线上召回可以迅速从倒排中根据用户兴趣标签截断内容，高效地从很大的内容库中筛选可信度比较高的一小部分内容。正是因为有了这样的动态建模过程，今日头条在信息流推送方面才能具有极高的建模效率，由此获得较高的市值。

通过这些案例，我们可以发现数据建模应用是多行业、多领域的，既可以是静态的也可以是动态的，应用范围极广。只要企业有需要、有数据，数据建模应用便能直接有效地为企业提供决策支撑。与企业业务和需求高度结合的数据建模，不仅能使企业的决策更加精准，还能极大地提升企业的决策速度。

二、数据管理驾驶舱

数据管理驾驶舱是为高层管理者提供"一站式"决策支持的管理信息中心系统。简单来说，企业高层在驾驶舱里可以直观地看到所有做决策时需要的重要数据。就像飞机的仪表盘，它以驾驶舱的形式通过各种常见的图表（如速度表、音量柱、预警雷达、雷达球等）形象地标示企业运行的关键指标。企业管理者通过数据管理驾驶舱能够更加直观地监测企业运营情况，并随时获取异常关键指标的预警和挖掘分析结果。不同的管理角色，其关注的层次与关键信息是不一样的。在搭建数据管理驾驶舱系统时，企业可以创建各种不同的驾驶舱。企业高层管理者可以专门关注总经理驾驶舱，销售主管可以关注销售管理驾驶舱，财务主管可以关注运营资金管理驾驶舱。接下来，我们以中航公司人力资源管理驾驶舱为例进行说明。中航公司人力资源指令舱共分4个页面进行展示，展示页面上的大数据全部实现向下一层级的穿透功能，通过穿透功能可以查看该大数据的构成明细。第一页展示的是"薪酬福利统计"的相关数据，第二页展示的是"职称、学历证书"的相关数据，第三页展示的是"人员流入流出"情况，第四页展示的是"业务信息预警"功能。通过上述对于数据管理驾驶舱的介绍，我们认为，数据管理驾驶舱是能够帮助在茫茫"数字海洋"中不知所措的企业找到前进方向的有力武器之一。

1. 搭建数据管理驾驶舱的意义

数据管理驾驶舱是一个完善的战略工具。它将企业战略落实到行动中并有效地监控企业战略的执行，帮助企业建立科学、全面的评价体系。数据管理驾驶舱也是一个强大的决策工具。它能够快速整理和反应信息，模拟决策结果并对潜在问题进行预警。此外，数据管理驾驶舱还是一个提升团队凝聚力的工具，为企业提供了开放共享的工作环境以及透明的绩效评价。

早在2012年，燕塘牛奶便打造了从牧场到餐桌的完整产业链系统，该公司为每个系统都配备了一个独立的数据库。这对于数据使用者——员工而言并非好事。分散的数据体系为员工的定期数据整理和表格制作带来了很大的负担。对此，该企业运用管理驾驶舱解决这一问题。一方面，数据管理驾驶舱的使用保证了数据的准确性，提高了报表的制作效率；另一方面，它将库存、财务、采购、生产、销售以一体化的报表形式呈现，前端数据分析结果直观展现了业务情况，有助于管理者决策。

2018年，中建钢构也正式上线了数据管理驾驶舱。该数据管理驾驶舱帮助企业集成、整合和分析了业务、财务、质量、安全等信息管理系统的业务数据和经营数据。由此，该企业各部分数据的协同效应得以发挥，成功实现了数据联动。同时，该企业还实现了可视化管控，以图表、表格、控件等多种形式展示了项目各类业务的指标。此后，数据管理驾驶舱的信息迅速整合能力和可视化功能能够以更直观的形式更直接地剖析企业潜在问题，进而更好地帮助管理者实现目标。

2.搭建数据管理驾驶舱的原则

数据管理驾驶舱的搭建看起来比较简单，实际上蕴含需要企业格外注意的四大原则。

第一，可理解性：充分考虑人机界面的设备。企业不仅应该通过最易接受的可视化语言呈现数据管理驾驶舱，在选用图表时也应注意图表和所说明问题的匹配度。

第二，可配置性：支持用户根据业务需求或者自己的习惯，对数据管理驾驶舱的各类图表进行灵活配置。例如，企业可以采用由一个图形反映多种指标，一种指标由多个图形显示的交叉实现模式。

第三，全面性：通过大量的图表进行全面的数据分析与直观展示。一个好的数据管理驾驶舱可能包括数十个乃至上百个图表，每一个图表都十分必要，它们反映了不同维度的数据。为了便于管理，企业可以对各个图表进行分类组织，使图表的呈现更加清晰且富有层次，易于使人理解和掌握。

第四，多维性：多用户具有不同权限，可以完成不同操作。数据管理驾驶舱的使用者是拥有不同权限的不同层级的用户。一个好的数据管理驾驶舱应该从用户出发，让不同权限的用户都能看到自己关心的指标。当然，要想实现这一点，前提是数据管理驾驶舱根据权限对数据进行严格区隔。在权限和数据洞察的双重约束下，数据管理驾驶舱的搭建难度加大，这就要求企业应不断结合自身实际需求去磨合、探索和改进，进而让数据管理驾驶舱真正地发挥其效用。

第六章　数字化的投资管理

不少企业在进行数字化建设时，常常会困惑于如何评估自身在数字化方面的投入与产出。企业在评估数字化转型的收益时，可以使用投资回报率公式，即"（投入－产出）/投入"。在此之前，企业要先了解数字化投入与数字化产出分别是什么，并结合自身情况比较衡量数字化能为企业带来的收益，然后制订数字化计划。

第一节　数字化投入

企业的数字化投入主要可以分成两个部分：一部分是直接投入；另一部分是间接投入。

数字化直接投入主要集中于设施、技术和人才。设施投入包括从基础的信息技术设施设备（如宽带、机房、计算机等），到能满足新一代信息技术要求（如大数据、云计算、物联网等）的高新设施设备（如 5G 信号基站、云数据中心等）。技术投入则是指在企业的日常运营中引入数字化技术，如搭建使用企业资源计划（Enterprice Resource Planning，ERP）系统、自动化办公（Office Automation，OA）系统和客户关系管理（Customer Relationship Management，CRM）系统等。企业之所以加大人才投入，是因为无论推动数字化进程还是使用数字化成果，都需要具有相关专业知识的人才作为支撑。

相比之下，间接投入是一个比较模糊的概念，它包括研发投入和时间投入等。企业在数字化转型方面进行的研发投入既是为了争取在数字化趋势中的技术领先优势，也是因为数字化技术想完美地与企业结合还需要进行调整。时间投入则包括落实上述各种投入所需要的时间以及企业适应数字化变革影响等所需支付的时间成本。

接下来，我们以海信集团实施数字化变革为例进行说明。海信集团是国内大型电子信息产业集团公司，其业务板块众多，在全球拥有超过 7000 名员工。为提高集团工作效率，海信集团与业界某厂商合作，整合了原有的 OA、电子化人力资源管理（Electronic Human Resource，e-HR）和知识管理（Knowledge Management System，KMS）等系统，打造了一体化的数字工作平台。该平台实现了全球员工协同办公和移动办公，成功帮助海信集团提高了业务审批等流程的处理效率和员工办公的敏捷性。海信集团数字化的投入包括很多方面：在技术投入方面，整合多系统数据并搭建新平台；在人才投入方面，集团与服务公司合作，聘请专业团队制定和执行数字化方案；在时间投入方面，不仅投入大量时间打造平台，还在培训员工使用和适应平台方面投入大量时间。正是这些直接或间接的投入，帮助海信集团顺利完成了数字化办公的变革。

数字化转型的成功离不开企业在人力、财力等方面充足的投入。对于数字化的投入，企业要有心理准备，这需要较大的资金投入，并且由于数字化需要经历一个过程，因此其要求的投入也是持续的。麦肯锡咨询公司发现，国际上领先的银行每年投入近 20% 的利润用于数字化转型，而国内银行的投入比例仅为 1% ~ 3%。

第二节　数字化产出

在评估企业数字化的收益时，除了要评估数字化投入，还要评估数字化产出。与投入一样，企业数字化产出也可以分为直接产出和间接产出。

企业数字化的直接产出主要表现为效率提高、成本降低和销售增长。

数字化可以使企业的工作效率提高。伊利集团是中国大型的乳制品企业，其每天都要处理大量的订单，并要控制管理仓库存货的情况，传统的管理系统已无法满足订单处理需求，所以伊利集团与业界某云服务提供商合作，搭建了基于云技术的订单管理系统（Order Management System，OMS）和仓库管理系统（Warehouse Mangaement System，WMS）。OMS 使得订单可以实现自动化处理，提升了运营人员约 30% 的工作效率；WMS 则让仓库工作效率整体提升了 15%。

数字化可以帮助企业降低成本。数字化不仅提高了企业的工作效率，降低了成本，还能减少运营生产过程中的人工成本支出。据彭博新能源财经报道，美国炼油集团通过数字化变革将人工智能、物联网和增强现实

（Augmented Reality，AR）等技术应用于现场作业与系统操作中，从而减少了现场工作人员数量和操作错误，并提高了工人工作的安全性。这样的数字化使该集团每桶油的运营成本减少了 0.44 美元，相当于降低了 11.5%。

数字化还可以为企业带来销售增长。开市客（Costco）是美国最大的连锁会员制仓储式量贩店，面对因数字化浪潮变得越发激烈的零售商竞争，开市客加大了其在数字化方面的投入，并推出了其之前强烈抵触的线上下单、线下取货的服务。得益于此项服务的推出，开市客 2018 财年第一季度全球销售额达到 13 亿美元，同比增长 40%，大大超出了华尔街的预期。

虽然企业数字化的直接产出能为企业带来明显的收益变化，但是企业数字化带来的间接产出也不容忽视。间接产出可以为企业在市场竞争中带来隐形优势，包括抢占先机、精准决策和优化企业形象等。

数字化能帮助企业在竞争中抢占先机。投入数字化以获得技术领先优势可以帮助企业更早地发现机会、把握机会，改变其在行业中的竞争地位。例如，柯达与富士是世界著名的两家胶片公司，柯达在光学感光胶片行业广受认可。但是，自 2000 年起，富士在数字化产品方面的投入比例上远超柯达，经过 10 年的发展，富士抓住了当时数码影像技术的机遇，一举跻身世界 500 强，而柯达却错失机会，于 2012 年宣布破产。

数字化能帮助企业做出精准决策。A.O. 史密斯是热水器行业知名的制造商，该品牌自 1998 年进入中国市场以来，一直保持着每年 20%～35% 的高速增长。这离不开其因互联网等技术和客户关系管理的变革而进行的数字化转型。A.O. 史密斯数字化的关键投入之一是与业界某信息公司合作搭建完善的客户关系管理营销服务平台。该平台可以根据线下门店中客户的需求为企业提供消费者画像，企业根据消费者画像为消费者量身定制产品，并采用精准的营销策略，从而提高消费者的复购率和满意度，并培养一批具有高黏度的消费者。

数字化还能优化企业形象。企业可以通过数字化创新方式拉近与消费者的关系，从而塑造良好的企业形象。李宁体育加大了对微信官方小程序的投入，使其不仅是在线商城，也是一个以内容与消费者沟通的阵地。2019 年年初，李宁体育与体育明星德怀恩·韦德合作，发起"寻找韦德生日锦鲤"的主题活动，消费者可以通过邀请好友祝福韦德生日的方式获得礼包奖励。该活动吸引了大量的新用户且获得了 6% 的转化率，并使首发联名商品售罄率达到 80%。类似地，李宁体育通过发布潮流资讯、明星新闻和联名商品，培养了一批具有高黏度的消费者群体，并塑造了平易近人的企业形象。

综上所述，企业数字化产出既包括直接产出，如效率提升、成本降低和销售增长，还包括间接产出，如抢占先机、精准决策和企业形象等。直接产出部分大多可以被量化为数字形式，间接产出则相对抽象，因此间接产出难以定量评估，短时间也难以变现。所以在衡量企业数字化产出时，需要注意综合这两部分，不能只关注数字化是否提升了工作效率、降低了生产成本或增加了销量。

第三节　数字化的投资回报

在了解了企业数字化投入和产出后，显性收益可以用"（投入－产出）/ 投入"的公式来评估，但是想评估整体的数字化收益还需要注意以下两点。

第一，数字化投入必须结合企业本身的适用性考虑。企业的数字化投入应该是把数字技术和企业的工作流程以及业务战略相结合，而不是盲目地为了追求数字化买入数字化设备或只是引进技术并生硬地与自身结合。埃森哲公司的一项调研表明，几乎所有受访企业都开始以各种方式将 AI 嵌入产品中，因为这些企业都意识到了变革的必要性。但是，仅有24%的受访企业认识到了数字化再造能够同步推动营收和利润增长，而超过75%的企业在实施数字化时缺乏清晰的规划，只是撒网式地将各方面资源投入数字化建设。没有结合企业自身业务的盲目投入只是在白白地浪费企业有限的资源，根本谈不上获取收益。

第二，数字化收益不是即时的，它需要一定的时间才会显现。数字化带来的直接产出，如工作效率的提升、成本的降低或销售的增长，企业可能会在较短时间内看到效果，但是其间接产出以及能让企业发生质变的收益，都需要较长时间的积累和沉淀。普遍的企业数字化转型计划都是以 3 ~ 5 年为期，这不是指在投入一次后，静候 3 ~ 5 年就可以获得收益，企业在这段时间内需要持续投入。这一方面是因为设备、技术等需要持续升级，另一方面是因为数字化不是静态的，而是随着企业持续发展的。这也是为什么越来越多的世界 500 强企业都把数字化纳入它们的战略规划之中，并且每年投入相当一部分的利润用以投入数字化改革。

　　只有用长远的眼光综合考量数字化的直接和间接投入与产出，才能较全面地评估数字化转型为企业带来的收益，避免出现企业投入大量资源用于数字化，却因无法有效感知其效用而认为数字化无用的误区。

第三部分

应用篇

　　理论源于实践，前文我们已经分析了企业在新时代面临的困境和在数字化时代可追求的红利，对现有的企业数字化转型经验进行了总结梳理，并归纳整理出企业进行数字化转型的必要性以及实现路径，从融合力、敏捷力及数据力 3 个层面系统地分析了企业进行数字化转型所需具备的能力。此外，我们对数字化的投入和产出定义及计算进行了较为细致的阐述，并对企业的数字化投资管理提出了相应的建议。理论源于实践，最终也要应用于实践，因此，在接下来的这一部分，本书将结合前文总结的方法论，对现有的一些经典的数字化转型成功案例进行分析与研究，以此验证数字化路径的"三力模型"，使读者更好地理解、借鉴与学习这些案例与三力模型，从而推动企业的数字化转型。

第七章 案例研究

第一节 招商银行数字化转型案例研究

银行业在最近 10 年的时间里，切实地受到了外界环境的变化，以及以技术为武器的跨界竞争者的挑战，这些让各大银行清楚地认识到，"数字化转型"无论是在银行追求卓越的内部驱动下，还是在名为生存的外部压力下，都已势在必行。

在"金融科技银行"的清晰定位下，招商银行找到了打开数字化大门的那把钥匙——开放与融合（书中将引用招商银行官网与历年财务报表的数据开展案例分析）。

开放，是为了寻求服务机会。对客户而言，数字化时代的金融只是工具，个人生活和企业经营才是目的，纯粹而独立的金融服务越来越难以触达客户。招商银行紧跟客户的脚步，寻找并建立数字化时代金融服务的新入口：招商银行零售金融围绕金融核心，基于"招商银行"和"掌上生活"两大 App 的平台切入客户服务生态；加大"引进来"的力度，与合作伙伴共建生态圈，聚焦形成优势场景，培养和强化用户习惯；昂首阔步地"走出去"，开放Ⅱ、Ⅲ类账户[①]，通过API接口输出金融服务能力，建立更加广泛的生态联盟。企业经营数字化在未来会是一个重要的客户服务入口。为此，招商银行积极探索如何从企业数字化服务切入公司客户的产业互联网建设，如何从资管生态化服务切入同业客户的生态圈建设。

融合，是为了提升服务能力。数字化时代，市场竞争不再是单个产品和业务线的竞争，而是整体生态的竞争。招商银行打破内部竖井和业务边界，集聚最有战斗力的力量作用于市场，服务于客户，将服务的组合类型作为增加服务价值、增强服务黏性的方法之一。开放与融合是相辅相成、相互促进的关系。只有开放，才能获取更多的服务入口和更丰富的客户需求，才能刺激融合能力的生长；只有融合，才能形成完整的服务生态，进一步提升开放的价值。

开放与融合倒逼组织进化和管理升级。招商银行从组织到行动都敢于打破边界，通过组建更多的任务型团队，努力提升中台能力，从而逐步构建赋能型组织，具体包括：建设架构开放、敏捷迭代的系统中台来解耦系统，实现功能模块化、产品化，从技术底层打通所有业务系统；建设数据中台，将数据作为核心资产，打通内外部数据，完善大数据治理体系；建设业务中台，

---

① Ⅱ、Ⅲ类账户：Ⅱ类账户主要用于理财及有限额的支付结算，Ⅲ类账户则支付转账和招商银行所有的一卡通。——编者注

打造强大的"总参谋部",向市场赋能,为一线减负。招商银行通过中台赋能前台,前台的反馈又推动中台迭代的循环,从而进一步推动组织自我进化。

开放与融合的底层是文化的蝶变。文化是底层的生产力,是链接个人与个人、个人与组织的柔性价值网。企业文化与水一样,无处不在,润物细无声。"清风公约"的发布,体现了招商银行塑造"开放、融合、平视、包容"的新型企业文化的决心。招商银行决心让"清风公约"成为7万多名"招商银行人"价值观的最大公约数,牵引招商银行与亿万客户形成心灵共振,构筑招商银行最宽的"护城河"。

招商银行的数字化转型模式值得各企业学习和借鉴,下面将详细说明招商银行是如何通过"三力模型"进行数字化转型的。

一、融合力

1. 战略融合的实践

2016年,为积极应对外部互联网金融及金融科技(Fintech)的挑战,招商银行的战略委员会制定了《招商银行发展战略规划(2016—2020)》,规划中明确提出"创新驱动、零售领先、特色鲜明的中国最佳商业银行"的发展愿景,同时表示将从机制和资源投入方面全力支持金融科技业务的发展。至此,招商银行成为国内首家将金融科技投入写入公司规划的商业银行。

为了加快推进金融科技战略的速度,招商银行充分利用移动互联、云计算、大数据、人工智能、生物识别等技术提高服务能力,推动公司向网络化、数据化、智能化的未来银行转变。在零售金融领域，招商银行坚持"手机优先"的策略，将客户服务界面不断向手机终端迁移，并以手机为中心持续进行产品和业务模式的创新；在批发金融领域，通过移动互联网技术持续进行客户服务模式创新，依托其网银平台，以移动支付为手段，延伸、拓展移动支票在企业业务中的应用场景，打造支付结算业务新生态。此外，招商银行提出加快推进多元化跨业联盟合作的速度，推动金融与科技的融合创新，共同构建具有招商银行特色的互联网金融生态体系。

2017 年，招商银行在其成立 30 周年时提出，新时代的招商银行，"人才＋创新"是根本驱动力，要进一步增加金融科技创新基金额度，加大金融科技投入力度，"容忍失败、奖励成功"。田惠宇行长也明确提出了打造"金融科技银行"的目标，把科技作为变革的重中之重。每一项业务、流程、管理都要以金融科技的手段再造，整个组织、每个管理者、所有岗位都要以金融科技的思维进行重新武装，为"轻型银行"战略转型下半场提供源源不断的"核心动力"。2017 年，招商银行将 2016 年税前利润的 1%（7.9 亿元）用于专门成立金融科技创新项目基金；建立试错机制，鼓励员工面向用户和市场进行小团队内部创业；彻底转变思维，以客户体验优先的原则重新审视内部管理。这一系列措施旨在用金融科技理念和手段改造业务流程、重塑运营体系、优化成本管理、创新体制机制，紧紧围绕客户需求，深度融合科技与业务，以科技敏捷带动业务敏捷。

2018 年，招商银行董事会为深入推进创新驱动发展战略，决定将"金融科技创新项目基金"额度由"上年税前利润的 1%"提升至"上年营业收入的

1%",同时成立科技赋能的金融科技创新孵化平台,建立独立团队运作机制,支持各项创新项目;加快人员结构转型,加大科技和数据人才储备力度;秉承"容错、共赢"的思维,不断加大、加快创新步伐。田惠宇行长提出,客户和科技是面向未来的两大核心主题。移动互联时代,科技主导商业模式、大数据决定客户服务能力,商业逻辑已由"小而美"转变为"大而美"。只有拥有足够庞大的客户数量,企业才能承载科技的高投入和高风险,才能形成足够有价值的数据量。因此,招商银行的数字化转型战略将围绕客户体验、面向金融科技,重建银行的经营管理。

从客户转向用户,招商银行重新定义了银行服务对象和经营思维。以用户体验为导向,持续强化以月活跃用户(Monthly Active Users,MAU)为"北极星指标"的经营理念,从而牵引整个招商银行完成从业务发展到组织体系、管理方式、服务模式,再到思维、理念、文化和价值观的全方位的数字化转型。

从银行卡转向 App,招商银行重新定义了银行服务边界。它以"招商银行"和"掌上生活"两大 App 为平台,搭建了包括地铁、公交、停车场等便民出行类场景的用户生态体系,逐步提升这两大平台的非金融服务流量比例。

从交易思维转向客户旅程,招商银行重新定义了银行服务逻辑和客户体验。它建立了客户体验监测体系,实时体验客户的感受,快速反馈并改进;搭建了强大的数字化业务中台,力求以智能化方式对线上客户服务平台和一线客户经理赋能,从根本上提升客户体验。

从集中转向开放,招商银行重新定义了银行科技基础和企业文化。它对标金融科技公司，建立了开放式的 IT 架构，全面提升对于科技基础能力的研发和应用；建立了容错机制，支持天马行空甚至异想天开的创新，鼓励"小鬼当家"，包容"无稽之谈"，力求改变传统银行科层制文化，使招商银行变得身轻如燕。

招商银行作为具有科技基因的银行，其董事会和管理层都有强烈的危机意识和清晰的战略导向。该企业坚持颠覆、容错、共赢的理念，通过加大金融科技投入，提升金融科技水平，加速金融科技应用，打造新时代的金融科技优势。

2. 业务融合的实践

（1）数字化获客

零售金融以"招商银行"App 和"掌上生活"App 为平台，探索和构建数字化获客模型，通过联名营销、联动营销、场景营销、品牌广告营销、自媒体粉丝营销、客户推荐客户、社交营销等方式，打造新的获客增长点。

数字化获客通过聚焦于建设有效核心场景开展流量经营，打通从用户到客户的高效转化通道。第一，坚持"双 App 并进"的策略，构建大流量、全客群和高效率的互联网获客体系，促进流量快速增长；第二，聚焦在出行、医疗、教育等用户自然生活需求方面的场景构建，通过"云 +API"的方式输出金融服务能力，提高客户黏性和产品渗透率；第三，持续深耕理财场景和消费金融场景，促进流量增长与流量转化有序连接，探索流量闭环经营的变现新模式，充分发掘客户潜在价值。

2018 年，招商银行的两大 App 已成为客户经营的主要平台，借记卡线上获客占比 17.89%，信用卡数据获客占比 61.21%。2019 年，"招商银行"App 累计用户数达 1.14 亿户，借记卡数字化获客占比 24.96%；"掌上生活"App 累计用户数达 9126.43 万户，信用卡数字化获客占比达 64.32%。

①开放服务

为了提升低成本获客能力和转化能力，招商银行将其 API 向第三方合作伙伴开放，通过聚焦有效核心场景建设开展流量经营，打通从用户到客户的转化通道。它通过"开放＋融合"的金融服务方式构建新的业务场景和生态体系，这也是提升用户体验的重要步骤。

2017 年，招商银行明确提出开放服务的思路，加大对于 API 等重点技术的投入，以线上线下融合的思维引流量、拓场景，开放招商银行服务 API。

2018 年，其聚焦在出行、医疗、教育等用户自然生活需求方面的场景构建，通过"云＋API"的方式输出金融服务能力，提高客户黏性和产品渗透率；围绕"云＋API＋区块链"和"数据＋AI"构建开放、智能的互联网经营生态和服务体系。

2019 年，招商银行实施"走出去"战略，开放Ⅱ、Ⅲ类户，聚焦餐饮、看电影、日常出行、便民服务等重点场景，通过 API 接口输出金融服务能力，不断拓宽服务边界，建立更加广泛的生态联盟。通过建设统一对外服务的 Open API 平台、"招商银行"App 小程序平台，招商银行支持 API 安全快捷输出，服务金融支付、AI、智慧停车、智慧医疗等不同场景，赋能的合作企业达 629 家。

②客户画像

客户画像应用主要分为零售客户画像和批发客户画像。零售客户画像包括人口统计学特征、收入情况、消费能力数据、兴趣数据、风险偏好等；批发客户画像包括企业的生产、流通、运营、财务、销售和客户数据、相关产业链上下游等数据。

招商银行通过整合 390 多个系统的数据源，引入 58 个外部数据源，形成了 3800 多个面向零售客户的用户标签，构建起全面的客户视图，以此获取零售客户画像。

在内部数据基础上，招商银行扩展了 3000 万家企业的工商变更记录、招中标、土地招拍挂、新闻资讯、法院执法、投融资事件等行外事件，实现了每月 25 万多条商机信息的持续抓取和推送，提高了对客户的实时感知能力，以此获取批发客户画像。

③精准营销

2017 年，通过整合 390 多个系统的数据源，引入 58 个外部数据源，招商银行形成了 3800 多个面向零售客户的用户标签，构建起全面的客户视图，并基于此建立了包括主动营销和被动营销在内的智慧营销引擎，为手机客户和客户经理提供实时的推荐服务。与此同时，它在移动端设置了 97 个推荐栏位，形成了 7132 种个性化产品组合，日均推荐 1.3 亿人次；全年为客户经理推送客户营销名单 7000 批次，客户经理的营销活动提升至月均 1600 次。

2018 年，通过对零售客户生成 1726 个客户画像标签，招商银行的营销客户触达次数提升了6.56倍，营销成功率达到17.42%，初步展现了"千人千面"的个性化推荐。

（2）数字化经营

①零售金融

"招商银行"和"掌上生活"两大App已经成为零售客户经营的主要平台。前者主要服务于借记卡客户，后者主要服务于信用卡客户。

早在2017年，招商银行开始实施"移动优先"策略，全面推动零售服务从卡片到App的迁移。"招商银行"App开启"网点+App+场景"模式，打造线上线下一体化的客户经营模式，从前端的个性化服务到后台的自动化、智能化流程，进一步提升了零售服务的客户体验。"掌上生活"App则围绕"打造第一消费金融App"的目标，推进移动端消费金融产品创新，提升流量经营和价值输出能力。2017年年末，40.35%的持卡客户已经迁移到手机渠道，81%的客户往来已迁移到手机，由此完成了巨大的流量数据累积，为后续客户流量经营夯实了基础。同时，"招联金融"App累计核批客户1662.10万户，较2016年年末增长135.93%；累计发放贷款2268.04亿元，较2016年年末增长297.36%；期末贷款余额468.29亿元，较2016年年末增长157.46%。

截至2019年年末，"招商银行"和"掌上生活"两大App的MAU达1.02亿户，较2018年年末增长25.58%，两大App已成为招商银行与客户业务沟通的主要平台。招商银行之所以能取得如此亮眼的业绩，主要得益于其在三大方面的持续发力。

第一，数字化运营进一步提升金融服务效能。2019年，"招商银行"App的理财投资销售金额7.87万亿元，同比增长25.72%，占全行理财投资销售金额的71.52%；"招商银行"App理财投资客户数762.09万户，同比增长50.17%，占全行理财投资客户数的89.96%。

第二，数字化运营不断加强与客户的线上交互。2019年，"招商银行"App登录次数为60.93亿人次，人均月登录次数11.82次。44家分行在"招商银行"App上开通了城市专区，1403个网点建立了线上店铺，同时招商银行积极探索以线上化、集中化的模式对零售客户进行有效经营，线上直营零售金卡及金葵花客户达到469万户。

第三，平台开放不断提升服务创新效率。对内开放App平台能力，所有分行可通过"招商银行"App上的开发小程序迅速提供新服务，对外向合作伙伴开放API，聚焦各种场景，不断拓宽服务边界。2019年全年，"招商银行"App和"掌上生活"App中16个场景的月活跃用户超过千万；"招商银行"App金融场景使用率和非金融场景使用率分别为83.79%和69.80%，"掌上生活"App金融场景使用率和非金融场景使用率分别为76.21%和73.90%。

②批发金融

2017年，招商银行创新推出第十代网上企业银行U-Bank X，充分运用金融科技领域的全新技术，打造开放、智能化的互联网服务，全渠道、场景化的支付结算产品，并率先应用区块链技术重塑全球现金管理，创新以大数据支撑企业构建产业互联网生态，推出智能"小U"机器人、移动支付、远期移动支票等多项特色产品及服务。受创新推出U-Bank X促进基础客群增长的积极影响，截至 2017 年年末，招商银行网上企业银行客户数 137.94 万户，较 2016 年年末增长 25.89%；年活跃客户数 108.77 万户，同比增长 25.20%，月活跃客户数 70.59 万户，同比增长 15.57%；交易笔数 38490 万笔，同比增长 71.73%；交易金额 113.16 万亿元，同比增长 10.75%。

2018 年，批发业务加速金融科技应用，积极探索生态视角客户经营。招商银行创新对公客户"聚合收款"业务，在高速、医疗、教育、汽车等领域开展产业场景拓展，拓展对公商户 2.83 万户，全年交易量 399.03 亿元。与此同时，招商银行推动数字化经营平台建设，构建"招商银行企业"App，在不到半年的时间里客户数量已达 53.39 万户，月活跃客户数达到 20.55 万户；网上企业银行客户数 168.89 万户，月活跃客户数 82.34 万户，对公服务体系网络化趋势更加明显。票据在线贴现业务量达 2058.80 亿元；票据在线贴现客户数达 9110 户。

2019 年，招商银行以生态化视角重塑批发业务专业化服务体系。具体做法包括：第一，强化数字化经营平台建设。依托"招商银行企业"App，招商银行构建了开放式全场景企业移动服务平台。截至 2019 年年末，"招商银行企业"App 的客户数达 100.08 万，较 2018 年年末增长了 87.45%，月活跃客户数 42.65 万户，同口径较上年年末增长 136.68%。第二，批发金融产品线上化。持续推进票据业务流程线上化，截至 2019 年年末，票据在线贴现业务量达到 3006.23 亿元，同比增长 46.02%，票据在线贴现客户数 13509 户，同比增长 48.29%，其中，中小微企业客户占比 92%，数字化普惠金融服务能力持续提升。第三，以产业互联网为纲实现生态化经营。围绕账户及支付体系数字化、数字化融资、金融科技能力输出三大方向打通产业链，招商银行在统一支付结算体系方面创新实现收款分账功能，并建立了 B2B 平台内部结算模式。截至 2019 年年末，结算综合解决方案"云账单"已为 5766 家企业客户提供了服务，交易量为 2872.71 亿元；聚合收款业务聚焦保险、医药、教育、快消品四大场景，交易笔数达 5.02 亿笔，交易金额达 1466.47 亿元，同比增长 267.51%。

（3）数字化风控

近年来，国内外宏观经济金融形势复杂多变，资产质量管控面临重大的挑战。招商银行加强了对风险演变趋势预判、风险预警等全生命周期过程管理，强化了对消费信贷、房地产、地方政府融资平台等重点领域的风险管控，努力保持资产质量稳定，巩固风险管理成果，进一步提升风险管理水平。

2017 年，在风险决策方面，招商银行打造大资信实时风险决策引擎，通过整合信息资源，运用大数据、人工智能等技术，具备了毫秒级查询和亿级数据计算的能力。在反欺诈方面，运用人工智能等技术，将原来使用的基于规则的模型升级为实时大数据反欺诈模型，模型衍生特征变量扩展到 3000 多个，达到亿级数据量的计算能力，使客户转账和支付的资金损失较之前降低了 35%。

2018 年，在零售金融方面，招商银行通过综合客户设备、环境、交易对手等多个维度，监控超过 4000 个变量，实现了毫秒级风险决策和亿级数据计算能力以防控欺诈风险，其覆盖的零售金融类交易接近 20 亿笔。在公司金融方面，招商银行通过搭建风险大数据平台，整合 15 类外部数据和客户在 3 年内的交易数据，建立了公司客户关系图谱和智能预警体系。其中，企业客户智能预警系统上线 9 个月，对潜在风险企业客户的预警识别准确率达 73.05%。

2019 年，在零售金融方面，招商银行不断强化扩展智能风控平台"天秤系统"，伪冒侦测范围覆盖线上和线下交易渠道，并进一步优化电信诈骗提醒拦截。"天秤系统"只需 30 毫秒即可对疑似欺诈的交易进行拦截判断，将非持卡人伪冒及盗用情况的概念降低至千万分之八，帮助客户拦截电信诈骗交易 8 万笔，拦截金额超过 18 亿元，为客户的资金安全提供了有力保障。在公司金融方面，招商银行融合内外部数据，构建客户关联知识图谱，加强针对具体场景的风险分析能力，建立了包括担保圈、金融司法纠纷、风险传导、风险舆情、涉小额贷款公司融资、政策解读、数据质量检查、授信审批授权等场景的风险特征模型；建设了基于机器学习算法的对公智能预警系统，批发智能化评级和预警精度不断提升，对公客户智能评级系统准确率较传统评级提升 52.60%，对有潜在风险的公司客户预警准确率达到 75%。

（4）数字化运营

数字化运营的重点在于利用金融科技优化组织架构和业务流程化，具体来说，包括提升中后台运营支撑体系自动化、智能化水平，探索以标准化、模块化服务支持业务经营模式的转型，快速响应客户需求，以提高业务效率和风控质量。

组织架构调整方面，2018 年，招商银行在总行层面建立了网络经营服务中心，用以开展客户数字化经营。网络经营服务中心线上直营零售客户 386 万户，直营客户资产管理规模（Asset Under Management，AUM）同比增长 17.84%，较全量零售客户 AUM 增幅达 7.49%。

业务流程优化方面，2017 年，招商银行在批发业务上大力推动数字化运营。一是在信贷流程处理方面，建立风险管理中台。向前，依托"移动一事通"App 实现客户经理、经营主责任人、风险经理、审贷官、产品经理的移动全流程协同；向后，打通整合中后台系统，通过人脸识别、光学字符识别、印控一体机等技术手段简化一线人员的现场操作，提高服务流程的效率。二是在运营管理方面，率先在国内金融业引入机器人流程自动化（Robotic Process Automation，RPA）技术，以此提高运营的自动化水平。在对 188 个 RPA 技术应用场景进行梳理的基础上，选取运营管理中的内部账户余额核对、人民币账户备案、外汇网上申报 3 个场景开展试点，单笔业务处理耗时较之前缩短了 65% ~ 95%。

2018 年，招商银行率先实现了 RPA 在托管领域的应用，持续优化托管系统功能与业务流程，托管系统持续领跑行业中的其他企业，"托管大数据平台风险管理系统"也荣获中国银保监会系统"金点子"方案一等奖。

2019 年，招商银行提出以流程优化为抓手，持续打造最佳客户体验银行。第一，重构零售客户体验监测体系"风铃系统"1.0 版本上线运行，其对接行内系统 20 个，监测客户体验指标 923 个，实现了对零售客户体验的实时监测与数字化呈现，初步构建零售客户的体验风向标和服务升级引擎。零售信贷的贷中审批实现全流程数字化处理，审批中心审批作业耗时同比缩短 20%。另外，采用"端到端客户旅程方法论"，招商银行重点对零售客户首面经营旅程、客户推荐客户旅程、代发业务旅程和信用卡账单分期旅程的全流程体验进行重塑，改进效果显著。首面经营旅程项目将零售客户在网点开户的总时长缩短了 25% 左右；客户推荐客户旅程专注解决"流程断点多"的痛点，月均参与推荐用户数增长了 1 倍，月均接受推荐且成功开卡用户数增长了三成，获客效果的提升显著；代发业务旅程将业务签约流程由 17 步压缩至 5 步，流程效率大幅提高；信用卡账单分期旅程优化后，客户满意度提升了 15%。

第二，全面诊断对公关键客户旅程，不断打通线上审批、风险、合规、运营流程，持续推进各类服务流程的重塑。这种重塑体现在，保证金收取支持客户经理移动端 7×24 小时自主完成，征信授权及查询实现全流程线上化，查询全流程耗时从约一个星期缩短至最快只需 5 分钟。银行承兑汇票、流动资金贷款、保函等高频业务授信项下提款全流程用时较上年缩短了 37%。招商银行在全国落地了多家线下对公客户金融科技体验中心，为客户提供了 38 个对公产品线上操作体验环境。

（5）数字化服务

在持续应用创新技术的背景之下，招商银行逐步形成以"招商银行"App 和"掌上生活"App 为核心，以远程银行、智能微服务等渠道为辅助，以分支行和网点的业务人员为补充，以金融科技创新为支撑的智能服务体系，完成打造"最佳客户体验银行"的目标。其智能服务体系见图 7–1。

在借记卡智能服务体系方面，招商银行以"招商银行"微信公众号为品牌宣传及业务推广的重要渠道，通过与年轻客群持续进行如优质内容、趣味活动等高频互动，不断提升本公司线上营销的推广价值和品牌美誉度。同时，不断完善的产品及运营体系已让微信公众号逐渐成为重要的 App 用户增长新引擎。截至 2019 年年末，"招商银行"微信公众号的关注用户数达到 2289.53 万。

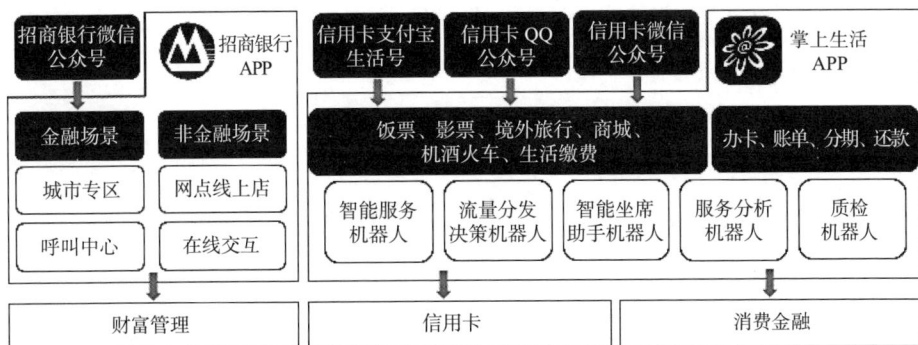

图 7-1　招商银行智能服务体系

在信用卡智能服务体系方面，招商银行持续以"掌上生活"App 为主、第三方渠道为辅，进一步探索新兴渠道的 1+N 服务生态布局。为支撑巨大的服务流量，招商银行依靠大数据和人工智能打造了智能服务机器人、流量分发决策机器人、智能坐席助手机器人、服务分析机器人、质检机器人等，覆盖用户洞察、流量分发、服务交互、需求再挖掘、管理提升五大模块，并将呼叫中心移至"掌上生活"App，以便为用户提供视听多媒体交互服务，实现了服务效率和用户体验的升级。截至 2019 年年末，招商银行从信用卡第三方渠道（主要为微信、支付宝服务窗和官方 QQ 支付中心）获取的粉丝量累计达 1.39 亿。

在远程服务方面，招商银行网络经营服务中心通过电话、网络和视频等方式为客户提供实时、全面、快速和专业的贴心服务。其加强了网络服务能力以顺应客户行为向移动互联网迁徙的趋势，文本在线交互已成为远程咨询服务的主流形式。同时，招商银行加快服务智能化的步伐，深化智能机器人的训练学习，加强对算法的优化，智能自助服务占比 76.11%。2019 年，招商银行可视柜台月均来电量262万次，单日最高13.21万次，对网点非现金交易的替代效用逐渐突显。

智能服务体系搭建起一套面向全客群、全产品、全渠道的服务模式，通过拓展服务边界，跳出以银行账户为核心的客户体系，延伸到Ⅱ、Ⅲ类账户以及没有绑定银行账户的App用户，着力构建互联网漏斗形用户体系，其服务结果向财富管理、信用卡和消费金融等业务导流，持续不断地贡献新用户。

3. 文化融合的实践

金融科技的底层是文化，招商银行通过建立容错机制，支持大胆创新，鼓励"小鬼当家"，包容"无稽之谈"，力求改变传统银行科层制文化。

（1）小团队＋孵化器

2017年，招商银行创新体制与机制，成立科技赋能的金融科技创新孵化平台并建立试错机制，鼓励员工面向用户和市场进行小团队内部创业。

得益于招商银行"精益创新、敏捷迭代"文化转型思路，2018年，做过人力、财富管理、当过支行行长的张涛和他的团队凭借"礼记"项目，在招商银行"Fintech燃梦计划之小团队创新大赛"中胜出，经过一年的孵化，"礼记"团队"出走"招商银行，成立了一家公司，该公司由招银国际控股。

"礼记希望帮助个体和企业更好地选择礼物。这种想法源于我自身的经历，每次给太太选礼物都有很大压力，有时候花了钱也没有效果，身边很多朋友也有类似的困扰"，张涛笑言。

从参演大赛的700多个"小团队"中脱颖而出后，"礼记"后续的立项、孵化快速推进。孵化中心为"礼记"项目组提供了工位、网络、计算机、文具等日常办公服务，并有驻场的孵化支持团队提供商业模式、团队建设、产品设计、原型开发、技术平台等专业化顾问咨询服务。

这是招商银行通过"小团队"机制激励创新的一个缩影。对于招商银行而言，小团队的创新不仅孵化了一批项目，还培养了一批金融科技领域的创新人才，更重要的是改变了企业文化，注入了新的活力。小团队的创新运用了"精益创新"的方法，以用户需求为导向，展现了赋能型团队组织的活力。

（2）"蛋壳"平台

2019 年，招商银行提出以"打破竖井、赋能减负"为重点，优化组织形态和文化氛围；依托内部论坛"蛋壳"平台，持续建设开放、融合、平视、包容的文化氛围。截至 2019 年年末，"蛋壳"上共有 1263 篇意见与建议被采纳，采纳率达到 29%。通过"打破竖井、赋能减负"的专项行动，招商银行治理了"大企业"病，打破了系统和业务竖井，成功地向形式主义"说不"，为一线员工赋能和减负。另外，招商银行将企业文化具体化为行动准则，推出了"清风公约"倡议书，通过包括"做正确的事，不管它在不在你的 KPI 里"等十条公约，引导全员形成文化共识。

二、敏捷力

1. 敏捷领导者的实践

（1）拥抱变化，提升战略眼光

2018 年招商银行年报中，招商银行行长田惠宇在致辞中表示，科技革命将以几何量级从根本上提高生产力，进而重构生产方式和商业模式。尽管银行业已传承数百年，经历多次时代变局，如经济周期、贸易冲突和监管政策等，但这并没有改变银行的商业模式；电气时代和信息时代只是为银行提供了更高效的渠道和工具，新一轮科技革命则可能从根本上颠覆银行的商业模式。

这是对于科技时代的焦虑和思考。面对科技革命带来的巨大挑战，招商银行已经积极行动了起来。2017 年以来，招商银行在前期探索的基础上，进一步推动了金融供给侧改革，正式确立了以金融科技为核心动力，打造"最佳客户体验银行"的转型目标，踏上探索新商业模式的征程。2019 年，田惠宇行长指出，招商银行将围绕客户体验，面向金融科技，重新审视银行经营管理的一切，全面开启数字化转型。

在客户方面，田惠宇行长明确表示，客户作为商业逻辑起点这一点不会改变。长期以来，招商银行客户服务体验的口碑在同业中可以说是首屈一指，这和招商银行以客户为中心的"因您而变"的服务理念、对最佳客户体验的追求密不可分。从本质上讲，招商银行的转型是以客户需求为中心，从供给侧出发推动的一场改革和服务升级。

在科技方面，招商银行大力开展金融科技银行建设，把金融科技作为转型发展的核心动力，全面赋能业务发展。招商银行通过对标金融科技企业，全面构建本公司金融科技的基础设施；以开放心态和长远眼光，构建本公司业务生态体系；以金融科技的理念和方法，转变经营管理模式，加强科技能力建设，推动科技与业务融合，并以科技敏捷带动业务敏捷。

（2）驱动转型，鼓励创新文化

在数字化转型、市场化经营思路的带领下，2019 年下半年招商银行发布了"清风公约"，该公约亦被称为"同业内最互联网化的企业文化"。公约详情见图 7–2。

"清风公约"的发布，标志着招商银行塑造"开放、融合、平视、包容"的新型企业文化的决心。

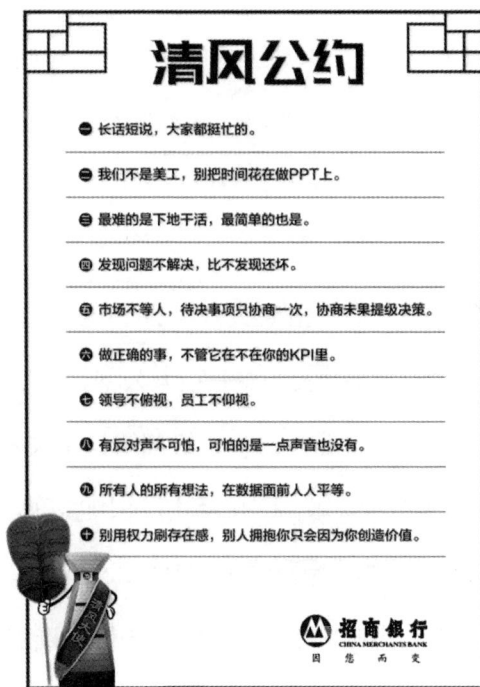

图 7–2　招商银行"清风公约"

2. 敏捷组织的实践

2018 年，招商银行对零售条线进行"三部合一"的组织架构调整，即以网络银行部为主轴，将其与原零售金融总部、基础客户部进行整合，形成新的零售金融总部。调整后，招商银行大零售条线架构为：零售金融总部、财富管理部、私人银行部、信用卡中心及零售信贷部。其中，新的零售金融总部是全行的平台部门。同时，原网络银行部下辖的二级部门远程银行中心更名为网络经营服务中心，作为新零售金融总部的二级部门，而过去的网络银行部只是一个子产品部门，现在则升级为整个零售金融总部的基础部门，并在传统的服务职能以外，赋予其经营客户的职责，通过线上直营的模式，直接触达客户并为客户提供财富管理服务。招商银行调整零售业务组织架构的深层逻辑是：从根本上改变以往分支行分散经营的做法，统一管理零售用户，打造零售经营数据化的支撑平台。

在信息技术架构调整方面，招商银行在 2019 年 12 月将"一部三中心"改为"一部六中心"，总行层面首设金融科技办公室。招商银行原来的信息技术架构为一部三中心，"一部"是指总行一级部门信息技术部，"三中心"是指三个二级部门，即数据中心、测试中心和研发中心。此次改革后，招商银行保留了测试中心和数据中心，撤销了研发中心，新设了零售应用研发中心、批发应用研发中心、基础设施研发中心、数据资产与平台研发中心。新设的四个中心分别针对零售业务、对公业务、硬件及软件基础设施、数据化转型。此外，招商银行将总行战略规划与执行部更名改组为金融科技办公室，并将相关人员和职责调整至其他部门，其中将数据、运用团队和团队的职责调整至信息技术部，从体制与机制上确保数据资产的有效发掘和运用。招商银行此番对于信息技术组织架构的调整遵循的一个重要原则就是强化中台智能，充分展示了按业务类型、服务客群重新配置研发团队，确保技术、业务、产品的最大化衔接，以实现"轻管理"和"轻经营"的目标信息技术组织架构调整见图 7–3。

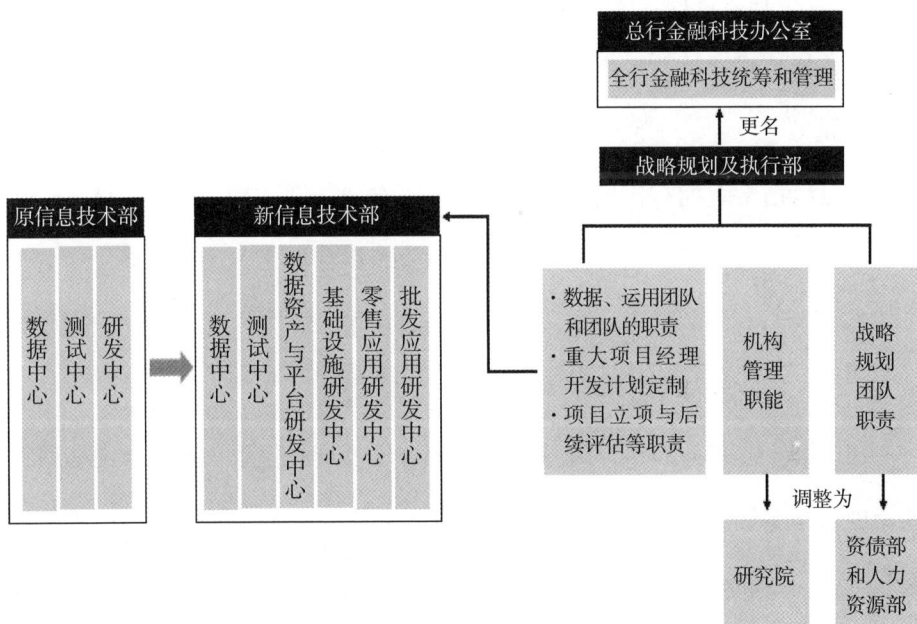

图 7–3 招商银行信息技术组织架构调整

3. 敏捷人员的实践

"人才立行"是招商银行的立行之本，招商银行总行培训中心（又称"招银大学"）是招商银行精心打造的教育品牌。1997 年，招商银行培训中心成立；2008 年 12 月，"招银大学"正式挂牌成立。招银大学倡导"沉淀经验、传授知识、培养技能、成就价值"的办学理念，秉承"正直、专业、创新、服务"的价值观，致力于成为组织管理变革的推动者和员工职业成长的支持者，为招商银行的发展提供持续的知识保障。

2018 年 4 月 8 日，招银大学金融科技学院正式成立。田惠宇行长出席开学典礼并亲自为学院挂牌。金融科技学院的前身是成立于 2007 年的"IT 培训学院"，该学院以打造金融 IT 最强大脑、培养全方位的复合型金融 IT 人才为己任，依托招商银行的技术领先优势，提供分专业、分层次的技术、管理和通用培训。

金融科技学院拥有包括积分管理体系、专业认证体系、领导力体系、数据分析专业培训体系、新员工培养体系、兼职讲师体系、课程体系、后备人才体系在内的完善的培训体系，致力于为新员工、专业序列员工、管理序列员工提供专业、全面的培训培养方案。

2019 年，招商银行战略委员会重点审议了发展战略滚动规划、金融科技创新项目基金使用情况等议案，坚持"立足长远、把握当下、科技引领、拥抱变化"的战略原则，坚定推进向"金融科技银行"转型，保证金融科技投入的长期化、常态化，并支持与之相适应的人力资源管理机制的研究建立，提出将市场化选人用人及薪酬激励机制、金融科技投入政策写入公司章程的建议，为"人才 + 创新"的双轮驱动提供了有力的制度保障。

三、数据力

当前，我们正从IT时代迈入DT①时代，数据已成为最具价值的战略资源。伴随着互联网技术的飞速发展，数据量呈现爆炸式增长态势，这些蕴含无限价值的大数据已成为重塑金融竞争格局的重要支撑和抓手，也给整个金融体系带来了创新动能。在此过程中，基础层的大数据、云计算等技术的成熟也催化了人工智能的兴起，迅猛发展的大数据和人工智能技术未来将推动整个金融环境和交易模式产生彻底性、颠覆性的变革。

作为国内最早一批尝试建设企业级数据仓库的金融机构，招商银行不断加大在数据领域的投入力度，逐步构建并优化大数据平台架构及应用，加快了 IT 技术与业务的融合步伐，积极借助自身数据资源优势挖掘 DT 时代的数据价值。

1. 数据获取的实践

自 2010 年国际上首次提出"数据湖"概念以来，数据湖就被视为大数据的终极挑战。所谓"数据湖"，是指把所有数据以原始格式存储在一个统一的地方，以供后续使用。数据湖可以让企业在无法及时处理各种海量数据时，先将数据存储起来，后续在使用的时候可以随需取用。"数据湖"被视为打破企业数据孤岛的重要基础设施，而且由于"数据湖"中存储了全量、全域数据，更能为人工智能所用，从而可以创造更大的价值。

---

① DT：数据处理技术（Data Technology）的英文缩写，它是以服务大众、激发生产力为主的技术。

随着数据类型的增多与数据量的爆发式增长，各类应用对数据时效性的要求也越来越高，传统数据仓库的能力短板也逐步显现，招商银行开始建设数据湖。目前，招商银行数据湖主要以大规模并行处理（Massively Parallel Processing，MPP）数据库的核心数据仓库、Hadoop 的离线分析和实时处理平台以及对象存储平台等为载体，数据入湖后根据各自特点将其存放在不同的平台上。其中，MPP 数据库的核心数据仓库主要用于存放高价值的结构化数据；Hadoop 的离线分析平台主要用于对非结构化数据进行存放和加工处理；实时处理平台主要用于快速响应分钟级甚至秒级业务处理需求，并使用准实时的流处理方式对数据进行加工；对象存储平台主要用于存储非结构化的历史数据。

2. 数据流通的实践

招商银行通过获取不同业务系统及第三方平台的数据，并将其集中存入数据湖中进行管理，这为跨部门、跨团队的数据创新和业务支撑提供了基础。2018 年，招商银行竭力打通各类数据，数据湖也不断扩容，入湖数据较上年增长了 53.91%。其以客户为中心从 9 个维度整合客户数据，形成 1.7 万个数据项，持续构建了统一的客户视图。这不仅实现了信用卡和借记卡的数据互通，还跨条线关联了公司客户和零售客户。同年，招商银行已在 53 个业务领域通过敏捷开发实现了科技与业务的融合创新，其需求响应速度大幅提升。2019 年，招商银行建设了统一对外服务的 Open API 平台、"招商银行" App

小程序平台，助力打造开放银行；数据湖整体容量达到了 9.8 拍字节[①]，入湖数据同比增长 68%，这有效地提高了数据仓库和大数据平台的容量性能、数据处理和应用的时效性。

3. 数据应用的实践

招商银行的大数据应用体系遵循"以平台建设赋能前端应用，以应用实践推动平台升级"的基本策略建设，目前已基本建成了涵盖客户服务、产品销售、风险管理、绩效管理、监管审计等领域完整的数据应用平台。

数据应用体系分有三层，分别为数据获取层、整合层和分析应用层。其中，数据获取层采集的数据会按照类型、需求和目标分别进行加工整合，并形成数据模型和数据分析指标，供上层应用；数据整合层包括传统数据仓库和通过大数据平台组成的逻辑数据仓库；分析应用层主要包括面向业务用户和客户渠道两大类集群，提供决策支持、分析探索、实时决策、信息交互以及其他专业应用的环境。

在应用创新方面，主要有数据分析、用户智能、业务智能、数据产品 4 种应用赋能模式，4 种模式服务于不同的终端用户，且各自接触和交互数据的方式不同。首先，数据分析模式主要被业务分析人员广泛使用，以便其可以高效、方便地获取数据，并直接使用数据湖中的数据，通过灵活的分析方式产出分析报告、业务模型或客户名单。其次，用户智能模式主要赋能于前、中、后台各业务部门用户及各级管理层用户，为这些用户提供数字化、智能

[①] 1 拍字节 $= 2^{50}$ 字节。

化的工作平台，使数据以智能化的形式准确、及时地传递给管理者，并提供友好的用户交互和便捷的操作体验，以提升日常工作的质量和效率。再次，业务智能模式主要赋能业务流程的制定者、管理者以及业务流程服务的终端用户，在业务流程中嵌入数据能力，并基于数据实现业务流程的闭环和自主优化。最后，数据产品模式主要赋能于 App 等客户接触类产品，通过对客户数据进行分析，将客户的资产概况、理财收益、收支情况、App 使用频率等实时呈现在客户端，并根据客户特征定制化趣味标签，以全方位提升客户体验，提高客户黏性。

四、案例小结

当前，商业世界正面临"百年未有之大变局"，全球经济贸易规则和产业链分工开始重构，大国关系与国际竞争格局洗牌，这些变化都给市场环境带来了广泛而深远的影响。作为具有亲周期性[①]特征的行业，商业银行的经营发展将面临现实的挑战与冲击。但无论时代变局带来怎样的挑战，银行属于服务业的本质不会变，客户作为商业逻辑起点的本源不会变，金融服务实体经济、服务人们美好生活的根基不会变。纵观全球历史大变局，一些沉沦或消逝的企业往往是因为陷入了舍本逐末、追逐商业机会主义的泥沼；而那些抱朴守拙、坚持以客户为本的企业，则可能在暴风雨的洗礼中，锻造出更加卓

---

① 亲周期性：金融部门与实体经济之间动态的相互作用（正向反馈机制）。这种互相依存的作用关系会扩大经济周期性的波动程度，并造成或加剧金融部门的不稳定性。

越的竞争力，因此从激烈的竞争中脱颖而出。而今天，所有人都应深刻认识到，行业变局的决定性变量来自科技。

正如田惠宇行长说过的："道阻且长，行则将至。想，都是问题；做，才有答案。"

第二节 某大型家电企业 A 数字化转型案例研究

数字化转型是目前中国制造企业面临的重大挑战，很多制造企业对此仍有非常多的困惑。比如，投入大量资金做数字化转型是否真的能够带来与投入成正比的收益？如果数字化转型有价值，企业又该如何实现与技术的融合？该怎样处理来源丰富的数据？怎样才能打造一个适应数字时代发展的组织？……

某大型家电企业 A 企业（以下简称"A 企业"）是制造企业成功进行数字化转型的示范者（书中将结合 A 企业官网与历年财务报表中的数据开展案例分析）。在市场频繁颠覆、制造业产品销量增速放缓、竞争对手不断施压的情况下，A 企业知道必须借助数字化力量，加强自主科技，提高产品质量，严格控制成本，增强企业精准、高效的管理。A 企业通过"融合力""敏捷力""数据力"的路径，在生产方面引入数字化系统，在研发方面引入数字化平台，在销售和服务方面与新零售平台合作，在组织方面实现从结构到文化的转型调整……凭借数字化的成功转型，A 企业的研发和创新水平不断攀升，真正掌握了核心科技；产品质量多年在家电行业排名第一，曾获"全国质量奖""出口免验企业"的荣誉；拥有线上线下深度融合的新零售模式，销量、服务质量和口碑都大大提升。A 企业的数字化转型模式值得各企业学习和借鉴，因此，下文将详细说明 A 企业是如何通过"三力"的路径进行数字化转型的。

一、融合力

1. 战略融合的实践

在数字时代下，A 企业的战略决策转变一直按照确定大致方向、快速行动、接收反馈、不断优化的步骤进行。多年来，保持高速度战略转变的 A 企业数次抢占了先机，如今也已凭借不断优化的战略积累了诸多优势。例如，为了追求高质量的产品，A 企业在 1997 年就提出了将制造过程进行信息化管理的战略决策。该企业自行设计研发了一套计算机网络管理系统，并将其应用于整个制造过程。大量数据的收集和分析使得质量问题被更加有效地发现和解决，该企业也凭借高质量的产品和好口碑迅速崛起。又如，2017 年，已经在著名电商平台开设了 4 年旗舰店的 A 企业正式宣布开启家电业新零售的新征程，成为家电行业中第一个吃螃蟹者。该企业与电商平台达成百亿战略合作，结合电商平台专业的数据分析、营销策划、媒介投放等优势，开启了全渠道零售模式，并为消费者提供个性化定制服务。此举加速了 A 企业对更完善、便利的立体销售网络及服务体系的构建，并实现了其品牌年轻化的目标。在 2019 年的天猫"双十一"活动中，A 企业全网全品类销售额超 41 亿元，销售同比增长 200%；空调品类第三方平台销售额突破 36.4 亿元，销售额同比增长 178%，全网销售额第一。

2018 年，A 企业再次紧跟时代潮流，提出了全面挺进智能化时代的战略。该战略主要包含产品智能化、生产自动化和管理信息化三方面。产品智能化是指通过物联网、人工智能等技术，让产品具有连接、感知、交互、节能、智能决策、故障预警等功能，实现"万物互联，一呼百应"，为消费者提供智能化、人性化的服务；生产自动化是指生产各环节逐步用机器人等自动化设备代替人工，赋能制造；管理信息化是指企业在各个方面的管理都有数据的支撑与集成，以此提升管理效率。此外，为了助力战略的落成，该企业于2019 年与某大型科技企业进行了混改，在混改中转让了其部分股份。"科技企业＋实体经济"的连接和布局将进一步加速 A 企业的数字化转型。

目前，A 企业已在各方面有效利用新一代信息技术完成了数字化升级。接下来，A 企业还将继续数字化升级的步伐，其重点包括以下 5 个方面。

第一，优化精益制造体系，建立一体化的人力需求评估及调配管理机制，建立全流程成本管控系统，提升人力资源使用率、生产效率和效益。A 企业通过生产方面的自动化创新，提高自动化水平，促进智能制造转型升级，降低生产人员的需求；通过生产方面的数字化创新，搭建全流程、全要素智能分析与决策平台，提高生产信息化水平，为智能制造打下坚实的信息化基础。

第二，加快拓展线上销售渠道的速度，通过分销店铺实现迅速扩张，借助云端平台实现对库存产品的大数据分析、调拨、流转；通过低库存预警反推生产计划，并进一步优化库存结构，降低滞销风险。

第三，进一步与各大电商平台展开密切合作，通过建立庞大的用户数据库，解析数据内部规律并挖掘内部数据逻辑，从而把握消费者需求、消费习惯等信息，得出用户画像，再根据用户画像实现产品、营销、售前、售后等各个环节的定制化，通过数字化运营，落实"一切以用户为中心"的销售理念。

第四，建立线下销售大数据管理系统，实现销售数据的动态统计和展示，可通过观测动态数据及时发现市场趋势及问题并适时调整战略部署。

第五，在自主研发的智能家居产品、物联网平台、智慧决策系统、G-Voice 语音交互系统、智慧视觉系统、G-OS 物联操作系统、G-Learning 舒适节能算法等智能物联技术的基础上，继续打造"万物互联，一呼百应"的智能化家居体系，让消费者可以通过 A 企业物联网空调、"A 企业 +"App、物联手机、智能门锁、魔方精灵五大控制入口，体验"万物互联，一呼百应"的家庭生活。

2. 业务融合的实践

（1）数字化生产

①逐步提高生产效率

提高智能化制造水平、提升生产效率，是 A 企业的长期目标。"精益化、自动化、网络化、智能化"是其推进企业走向智能制造的"四步走"计划。首先，A 企业提升了工艺，减少了原材料及能源的浪费，实现了精益生产。在自动化阶段，该企业进行了车间的升级改造，让具备数字化的机械手、机器人设备来做简单、高危和重体力的工作，实现了高效、安全、省人力的目标。在过去需要 14 名工人协同作业的任务，如今仅需 2 人即可完成，产量也大大提升。目前，A 企业工厂的自动化程度最高已超过 60%。

不过，只做到自动化还远远不够。A 企业某工厂负责人说："要让冰冷的设备'活起来'，打破信息'孤岛'，让设备互联互通，自动上传生产信息。"目前，该企业大部分工厂的设备都自带通信接口，网络化构建了工业互联网，各车间关键设备实现了 100% 互联互通。企业自主研发了产品生命周期管理平台（Product Lifecycle Management，PLM），并将其与 ERP、制造执行信息平台（Manufacturing Execution System，MES）项目管理系统、模具系统、试验系统、认证系统等集成，实现了从产品需求、设计、工艺、生产、销售到服务等过程的产品全领域管理。

A 企业的产品生命周期管理平台系统以两条主线贯穿于整个公司的业务流程，第一条是项目管理主线，即将项目活动节点、各种图文资料建立链接形成以项目为依托的数据链；第二条是 BOM（Bill of Material，BOM）主线，即以 BOM 的传递实现数据流的传统过程。具体来说，A 企业已成功实施了文档及 CAD 数据管理、Part/BOM、流程签审管理、变更管理、项目管理、可视化数字样机装配管理、权限策略控制管理等功能模块。通过实施这些模块，A 企业实现了产品图文数据共享和快捷查询，提高了产品零部件重用率、产品数据安全性和签审效率，缩短了产品设计和研发周期，降低了产品的开发成本和企业的运营成本。

现在，A 企业正在深入推进最后一步：智能化。其在很多制造基地都建立了制造板块数据库，终极目标是利用数据挖掘和云计算的技术，从大量的数据中分析并归纳总结出管理模型，然后灌输给计算机，从而让计算机根据实际情况智能分析、自动排产，为管理者快速决策提供依据，缩短响应时间。

②追求完美产品质量

在 20 世纪 90 年代，有这样一件事让 A 企业的管理层刻骨铭心。当时，A 企业有一批空调出口意大利。空调安装试机时，一台空调突然响起"哗哗……"的摩擦声；当时 A 企业的总经理就在安装现场，意大利客户盛怒之下狠狠地奚落了这位老总一番。空调被打开时，大家意外地发现，之所以会出现摩擦声，是因为一块没有粘紧的海绵正好落在了风叶上。客户因此当场退货并要求赔偿损失，而一块没有贴紧的海绵让 A 企业失去了一个重要客户，同时造成几百万元的损失。痛定思痛，A 企业决心严格把控产品质量，走精品化路线。

在数字时代，A 企业利用信息化技术建立了一套完善的质量把控体系。第一，企业实行物料编码化管理，所有数据统一存入仓库管理系统（Warehouse Management System，WMS）并同步到 MES。这样，如果哪个零部件出了问题，企业可迅速查找到相应编号，并对供应商追责。

第二，如前所述，A 企业自主研发了 PLM。该平台的其中一个重要作用就是生成设计物料清单，即生成信息系统能够识别的用于指导生产的产品结构数据文件。A 企业按照一定的周期，将设计 BOM 数据与数据库中的标准物料清单进行结构比较，以便及时发现异常，从设计源头杜绝问题出现。

第三，在生产过程中，A 企业通过自主研发的生产工艺数据平台，实现了对数据的实时监控和分析。例如，该企业空调生产基地的所有生产线均配有在线检测系统，该系统用来完成制冷制热量测试、噪声振动测试、安全检测等。平台系统通过图形化的方式，既能实时、准确地反映出生产进度（在线生产数量、生产节拍、返修数量等信息）、产品质量等问题，又能让车间员工及时处理生产过程中的异常情况。记录的所有数据也都会被储存，管理人员可查看以图表方式呈现的各天、各周和各月的不同数据趋势，然后根据质量指标对接下来的生产及时采取相应措施进行调控。

第四，在制作出成品后，企业通过产品自动检测设备再次对成品进行在线智能检测、自动异常判断和故障数据分析，将被测机器的运行参数采集并传输到工业云平台上。云平台对数据库中同类型机器在相同工作条件下的运行参数进行比较与分析，并快速、准确地获得被测机器的测试结果，再通过云平台对测试数据进行进一步的汇总、分类，最后录入数据库。通过这一套完善的质量把控体系，A企业售后故障连续多年平均降幅稳定在20%，其品牌力也因此大大提升。

③严格控制生产成本

在提升效率的同时，A企业同样重视效益的改善，即开源节流，降低企业成本与提升盈利水平。第一，在生产方面，A企业建立了成本信息平台。整个生产系统有很多成本控制点，如原材料利用效率、单机物料成本等，这些都可以形成数据，并分类储存在一个大的数据库中。每个成本控制点是否达到企业制定的标准，可以通过数据清晰地展现出来。此外，生产部门持续的改进以及数据的纵向与横向对比，可以帮助企业形成内外部的标杆引领，进而不断改进成本管理漏洞，实现生产环节的成本控制。第二，在物料管理方面，如前所述，A企业实行编码化管理，并将所有数据存入WMS并同步到MES中，这不仅让A企业能在物料质量出问题时根据编号找到供应商，还能通过系统的监控实时掌握物料的库存量，更好地控制生产，按订单定额配送物料。A企业在成品入库时再次扫描，最终形成数据反冲闭环。这实现了其"消除物料浪费，杜绝采购腐败"的目标。在将数字化与成本管理相结合之后的几年里，A企业的净利润始终保持快速增长。

④有效缩短研发周期

在需求日益多元的市场环境下，必须加快产品开发更新的速度，才能不断满足消费者需求，保持竞争力。为了缩短开发周期，A企业将研发设计结构进行了通用化处理，并将通用信息集成在平台上。平台上存储着各系列产品所共有的子系统、零件、模块、制造流程以及公共界面的模板和数据，在升级和改良时，只需增加、去除或替换模块，就可以快速得到具有共享部分零件、共享部分零件的子系统和共同特征的产品系列。产品平台化研发模式的采用，极大地缩短了产品开发周期，降低了产品开发成本。在客户需求不断变化、技术更新不断加快的时代，这样的研发模式是必不可少的。此外，因为生产同一产品系列的流程工艺类似，所以大部分加工设备可以共享，这大大减少了企业对设备的投资。相同或相似的产品子系统和零部件也使得A企业在大批量采购或生产这些零部件时，获得了显著的规模经济效益。同时，技术的转移与重复使用在平台模式下也变得更容易，开发新产品的创新风险被有效降低。

（2）数字化运营

在供应链管理方面，A 企业通过引入 ERP 大大提高了对整个供应链的管理效率，降低了管理成本。供应链包含物流、信息流和现金流 3 个方面，而从物资需求计划（Manufacture Resource Plan，MRP）发展而来的新一代集成化管理信息系统 ERP 能够实现对这 3 个方面的全面管理，可以处理财务管理、销售预测、采购、库存管理、制造控制、服务与维修、分销和运输等多种业务。

A 企业选择的是 Baan ERP 软件，并购买了该系统的所有模块。企业将顾问优化后的流程与 Baan 公司软件流程相结合，建立了企业模型，为每一位员工设置了不同的菜单及用户权限。在整个系统的实施过程中，动态企业建模起到了重要作用。它通过把企业本身的业务处理流程作为输入，在标准的企业参考模型基础上，迅速地配制系统以满足企业的需要和特殊要求，并确定新的企业模型。

ERP 系统的引入帮助 A 企业提高了各个环节的效率。具体来说，针对库存环节，通过将 ERP 与供应商库存管理系统（Vendor Managed Inventory，VMI）、WMS 等互联，实现了对库存的高效精准管理；针对分销环节，ERP 实现了对需求计划、销售合同、电子数据交换、销售控制等的管理；针对制造环节，ERP 不仅实现了对能力需求计划、主生产计划、工程更改等的管理，还通过联动执行层的 PLM、MES 等系统，实现了从管理到执行的全面覆盖；针对财务管理，该系统实现了对预算、预收账款、应收账款、应付账款、现金管理等的管理；针对运输环节，通过 ERP 与运输管理系统（Terminal Management System，TMS）的联动，实现了对调度分配、配载作业、运输节点跟进、车辆等的管理，此环节系统的引入使单辆货车的装货时间缩短了约 21%，车辆空闲等待时间缩短了 37%，车辆货物装载率由 88% 提升至 91%，车辆利用率由 72% 提升至 89%，整体调配效能提升了 19% 以上。

在人力资源管理方面，A 企业同样重视利用数字化工具进行数据处理和数据分析。在过去，A 企业的员工数增加得很快，内外部流动频繁，因而产生了考勤管理烦琐、工资核算周期过长且常常出错、HR 工作量明显增加等问题。为了解决这些问题，A 企业从 2005 年起开始引入数字化人力资源管理系统，并对系统不断进行升级改造。在该系统的帮助下，A 企业有效解决了考勤复杂、工资核算时间长等问题，并通过人力分析、劳动率分析、成本分析等功能，提升了人事决策的及时性、准确性和科学性。当然，在审计、经营分析等其他方面，A 企业也都有相应的数字化系统用于数据的收集和分析，以提高效率、准确度以及相关决策的科学性。

（3）数字化销售及服务

近年来，为了顺应线上线下融合发展的趋势，A 企业逐步从单一的线下传统销售模式转变为线上＋线下的销售模式。线上渠道的销售表现强劲，如今已成为 A 企业的主要订单来源。线上渠道不仅可以把线下搬到线上，更重要的是，它可以借助庞大的数据，准确地把握消费者。2019 年 10 月，A 企业与第三方平台商议数字化运营项目，通过对用户大数据内部规律和逻辑的分析，对消费者需求、消费习惯等用户信息进行把握，由此得出用户画像，并根据用户画像实现产品、营销、售前、售后等各个环节的定制化。

此外，A 企业通过打造客户协同平台加快响应服务的速度。客户协同平台包括客户服务管理系统、派工系统、电商平台客服中心、呼叫中心等服务信息系统。客户有需求时，可根据自身需要在不同的平台申请服务，信息管理平台根据客户地点、需求类型等信息，快速派出销售员或技术员提供上门服务。技术员也可以通过信息管理平台与客户建立长期的关系，及时、有效地帮助客户解决问题。

不仅如此，为了进一步提高服务水平，A 企业还在产品上下足了功夫。比如，A 企业通过空调机组网络通信技术、远程监控技术和通用分组无线服务（General Packet Radio Service，GPRS）数据采集系统，建立智能化的售后质量监测系统，对运行的产品进行数据采集和实时监控，所形成的数据收集规模庞大。运行的产品出现故障后，数据信息被立即分类上传到设计评测系统和售后维护系统，并有效实现了产品开发环节和售后环节的连通。研究部门能够及时开展诊断分析，确定故障原因，并将质量问题及时反馈到相应的采购、设计、生产和销售等部门，使质量问题得以迅速解决。

3. 文化融合的实践

A 企业的领导层深知要想适应数字化新时代，企业文化也必须有所改变。这种转变主要体现在以下 3 个方面。

（1）强化全员参与

数字化时代复杂多变、市场竞争激烈，A 企业为了能更加及时、准确地对市场环境做出响应，保持竞争地位，在企业内部营造了"赋能员工、全员参与管理"的文化。员工可以通过参与式管理、全员提案制、职工代表大会以及总裁信箱等形式，充分参与企业的计划与决策活动，与企业共同发展。获得认可的提案会被落实到研发生产和管理的过程中，提案人也能获得一定的"创意报酬"。此外，为使员工建言献策的渠道更为畅通、便捷，A企业还开发了"全员合理化建议平台"手机应用，以便所有员工指出问题或提出建议。凭借透明、高效的全员参与氛围，A企业充分调动了全体员工的主观能动性，吸纳了无数的新点子、新突破，带动了企业的高速发展。

（2）鼓励员工创新

为了不断积累自己的优势，A企业还营造了以人为本、鼓励员工大胆进行知识创造和创新的文化。具体来说，这种文化包括以下3点。

第一，企业搭建了知识管理平台，鼓励员工把平时研发和创新过程中失败或成功的经验上传至平台，由企业进行集中管控。如此一来，员工可以自由方便地分享和积累学习资源，进而创造知识。

第二，A企业建立了全球最大的空调研发中心，拥有4个国家级研发中心、15个研究院、900多个实验室、1.4万多名研发人员。A企业国家级研发中心分别为"空调设备及系统运行节能国家重点实验室""国家节能环保制冷设备工程技术研究中心""国家认定企业技术中心"和"国家级工业设计中心"，同时A企业被认定为"国家级消费品标准化示范基地"和"国家高端装备制造业标准化试点"企业。另外，A企业已建立"电机与控制"院士工作站，并先后获批建立博士后科研工作站和广东省博士工作站。2019年，A企业获批筹建"广东省高性能伺服系统企业重点实验室""广东省智能化模具技术创新中心""广东省能源互联网创新中心"及"广东省小家电智能制造区域创新中心"。A企业对研发投入不设上限，而且向全体员工免费开放所有实验室。任何一位员工，只要理由充分，并向实验室主管单位提交申请，就能够免费使用实验室设备。员工增加了实践的机会，并进一步在探索和解决问题的过程中激发自身的创新性。

第三，A企业制定"提案和推进并行奖励"制度激励全员创新，鼓励员工积极对研发设计、生产制造等方面的问题提出合理建议，受理部门应收集这些建议并组织相关单位对这些建议进行讨论、评价，推动企业不断创新。此外，A企业还大力推出了管理创新奖、科技进步奖、公司效益奖等奖项，并开展了创新标兵、科技专家、先进个人、希望之星等荣誉评选活动，以此为全体员工营造良好的创新氛围，鼓励员工在工作中持续不断地开展学习活动，从而最大限度地激发员工学习的积极性。

截至2019年，A企业累计获得国家级、省部级、行业级荣誉共33项，包括技术发明奖项、专利奖项等。A企业已成功搭建"企业为主体、市场为导向、产学研相结合"的技术创新体系。其对于创新驱动的坚持，对于培养创新人才队伍的坚持，对于实施领先者战略的坚持，使其在制冷领域持续保持全球领先地位。

（3）重视交流合作

在企业外部文化方面，A企业重视与其他企业和机构进行交流与合作，充分利用外部资源，以优势互补提高企业的竞争力。具体来说，一是以内部研发为主，并通过与高校等科研机构开展产学研合作、同其他企业开展跨行业合作等，发挥出企业内外部资源的协同效应，降低研发成本，提高技术创新成功率；二是通过与电商、大型家电连锁商等营销渠道商开展合作，协同供应链，实现优势互补，并获得新资源、新市场，提高竞争优势。

二、敏捷力

1. 敏捷领导的实践

A 企业的领导者不断主动跨出自己的舒适圈，积极接触新事物，并充分赋能员工，鼓励创新，从而增加企业自身的敏捷度。除了高层领导者，企业会定期对中层领导者进行多维度的绩效考评，其中关键绩效指标和管理创新项目考评是考核的重要维度，以此切实推动中层领导提升业绩、积极创新。在具有高敏捷度的领导层的带领下，A 企业快速响应环境变化。如前所述，2017 年，A 企业开启家电业新零售的新征程，成为家电行业里第一个吃螃蟹者；2018 年，A 企业再次紧跟时代潮流，提出了全面挺进智能化时代战略，并在 2019 年与某大型科技企业进行混改以加速自身的数字化转型。在 2020 年新冠疫情期间，A 企业董事长又开始了直播带货，并把旗下 3 万余家线下店变为"体验店"。该企业在 2020 年 6 月 1 日的直播同时联动了微信小程序、天猫、京东等六大平台，并调动线下所有门店参与其中，一天的累计销售额突破 65 亿元，为整个季度营收额 203.96 亿元的 1/3，也为成功家电企业探索出了销售新模式。

2. 敏捷组织的实践

面对数字化时代对敏捷组织的需求，A 企业的第一项措施是将管理环节多、办事效率低的金字塔型组织结构过渡为扁平化的组织结构。企业将管理层级精简为公司级、部门级（制造分厂、子公司）和科室级（车间）三级。首先，这缩短了企业的指挥链，有效提升了信息传递的时效性和准确性。每一位高层领导者直接管辖职能部门，高层领导者的信息和决策能快速传递到对应的分管部门和科室，进而使决策得到快速、有效的执行，提高了内部协调性和工作效率。其次，等级的减少使高层领导者更贴近一线，以更快的速度了解最真实的情况，并迅速对问题做出反应。这就避免了沟通层级较多而造成的行动迟缓，同时显著提升了企业的决策力与执行力。

A 企业的第二项措施是打破各部门之间的壁垒，建立跨职能团队。比如，一项研发设计的初步方案在提出后，首先会由工业设计中心、工艺部等部门组成的跨职能部门团队的成员进行初步论证，就方案的各个方面提出问题、进行讨论并形成产品策划方案；然后由商务技术部或家用空调技术部主导，详细论证方案，再由各部门成员组织讨论，充分探讨产品研发过程中的潜在问题；最后由质控部、科管部、技术研发等多个部门共同合作，对方案进行全方位的技术论证并解决问题，为接下来组建产品研发团队打下基础。A 企业在多种业务中实行跨职能团队模式，集中多部门员工的知识与技能，有效地提高了工作效率，也提升了客户满意度。

3. 敏捷人员的实践

A 企业在培养敏捷人员方面也采取了诸多措施，除了上述提到的赋能员工、鼓励员工创新以及打造开放式合作文化，A 企业还在优化员工绩效和完善培训体系两个方面付出了诸多努力。首先，在优化员工绩效方面，A 企业建立了兼顾结果与过程、定量与定性的全面绩效考核机制，并通过权力管控、工作流程制约、信息披露等形式推进考核的公开透明度，确保员工的能力及努力能得到相应的回报，让员工对工作保持积极的态度，形成主人翁意识，助力企业良好发展。其次，在完善培训体系方面，A 企业自主搭建了学习平台，并定期在平台上更新课程，做到与时俱进。另外，A 企业还不定期邀请内外部各领域的专家为员工介绍最新的信息、知识与技术，帮助员工掌握最前沿的理论和科技。A 企业始终坚持组织的开放性，积极从外部输入各种新的信息，并对输入的信息进行筛选和转换，然后以某种产品或服务的方式输出到环境里。多年来，这样的开放性学习理念大大提升了企业自身的创新转换能力和适应外部环境变化并快速反应的能力。

三、数据力

1. 数据获取的实践

A 企业在数字化转型中非常注重对基础数据信度的把控，其通过建立数据标准体系，不仅确保了数据含义和使用场景一致，还保证了同一数据的业务取值范围、计算方法和编码规则一致。企业集合多个部门的业务成员、企业标准化小组以及信息部成员组成数据小组，按照"业务建模→数据建模→编制数据标准"三个步骤建立与维护数据标准体系。前两个步骤最终形成囊括所有相关业务各内容、各级别的数据体系；最后一步是对所有数据设定标准，并形成标准数据库用以参考和对照。数据小组会定期对数据标准进行检查，并随着业务的发展，不断增减数据标准。严格的数据质量保障使 A 企业的数据具有完整性、规范性和一致性，根据数据得出的结论的准确性也大大提高了。

2. 数据流通的实践

首先，A 企业打通了信息孤岛，有效实现集成与互联互通，为企业走向智能化奠定了良好的基础。这具体表现在以下几个方面。

第一，业务协作云：打造规范、透明、科技化的供应链生态；实现开源与节流，提升效率与管理。

第二，智造云：各系统数据集成流通，终端显示屏实时显示数据，让处理准确、及时，分析有据可依。

第三，质量云：质量数据自动采集、质量异常闭环跟踪、全流程质量追溯，质量管理前置化。

第四，设备云：设备产能可视化，维护保养信息化，预防性维护保养，设备异常闭环分析，设备全状态可视化。

第五，智慧人云：智慧招聘、智慧门禁、智慧考勤、智慧协同、智慧人云数字化，可视化应用管理。

在通过数据流通建立了一系列数据集成管理平台的基础上，A 企业进一步利用收集的数据，构建了大数据分析平台。A 企业大部分工厂的大数据分析平台的底层采用 SQL SERVER 数据库上的 ETL 工具 SSIS 构建 ODS 及数据仓库层，上层采用自主开发或外购的大数据分析应用于多层级数据报表平台。企业将大数据分析与预警相结合，即实现数据分析触发智能预警，预警触发改善，实现发现问题、落实问题、关闭问题的闭环式管理，持续改善管理水平。

3.数据应用的实践

A 企业基于"战略 + 规划 + 业务实际情况 + 痛点"部署数据应用，并建立了产品大数据分析平台和消费者数据分析平台，通过对数据的深度挖掘，切实解决了诸多业务难题，推进了企业的业务与业绩、服务质量、效率以及整体综合竞争力的提升。

（1）产品大数据分析平台

为推动产品的差异化竞争，提升用户对于 A 企业空调的使用体验，A 企业专门成立了大数据部门，尝试通过将大数据技术融入 A 企业多联机空调产品，采集所有销售的多联机空调设备的位置、安装调试、运行状态，以及故障的数据，以帮助企业及时地处理与分析客户购买的产品适用状态和故障信息。

目前，A 企业所销售的风冷多联机空调系列已全部安装数据采集 GPRS 模块，销售工程数量超过百万项，分布于全国各个省市地区。多联机空调每天返回数据处理中心的机器运行数据增量超过 1.5 亿条，目前共采集数据量超过 100 太字节 [①]，数据收集规模十分庞大。

通过为多联机空调安装数据采集模块，A 企业在用户还没有发觉问题之前就能迅速处理隐患。比如，在空调的运行过程中，如果 GPRS 上报排气低温保护的数据，后台就会显示分析机组存在异常，分析结果可能为主机防尘膜未取；如果 GPRS 上报压力异常保护，分析结果可能为缺冷媒，需立即排查管路是否泄漏。在安装 GPRS 数据采集模块后，一方面，A 企业有效地减少了空调安装人员在调试过程中的出错概率；另一方面，A 企业可以在用户使用空调过程中监控产品运行状态，及时分析故障原因并进行处理。

A 企业的统计显示，在部署了大数据分析平台之后，A 企业通过故障数据分析规范工程安装，成功提高了工程安装质量，欠氟和漏氟故障率下降了 22.5%；通过优化电子膨胀阀控制逻辑，大大减小了内机电子膨胀阀泄漏所导致的故障，使电子膨胀阀故障率下降了 21.3%。

目前，A 企业多联机组共开发了自动故障诊断 66 个，其中电控故障 22 个、系统故障 44 个。A 企业的最终目标是整合数据，通过同时呈现空调产品的生产、销售、安装、调试、维护、运行等一系列数据，实现对产品的全方位监控管理。

（2）消费者数据分析平台

A 企业建立了消费者数据分析平台，通过对大量的消费者数据进行分析，

---

① 1 太字节 =2^{40} 字节。

满足不同消费者的个性化需求。具体操作是，首先利用前台收集消费者行为数据形成私域流量池，将线上和线下每一位购买 A 企业产品的消费者的姓名、电话、地理位置、购买产品的名称、金额、日期等信息记录下来，这些信息不断被收集和汇总，形成 A 企业的私域流量池。然后，A 企业通过数据分析中台将这些流量进行分类并加以分析，最终取得两个成果：第一，实现千店千面，各有不同。数据分析中台将每个专卖店附近 3 公里内的居民消费数据汇总起来，利用大数据工具形成每个区域消费者的个性化、阶段性需求画像。企业根据画像有针对性地对不同区域的居民进行供货，将消费者需要的产品送到家门口，服务区域消费者的个性化需求。第二，实现产品升级，获得新的客户增长点。A 企业通过数据分析中台对大量消费者数据进行建模，并根据建模结果升级产品本身。例如，A 企业以用户睡眠需求为导向，利用数据分析中台对消费者睡眠数据进行建模，发现通过年龄和人群划分市场的传统观念具有不准确性，并根据建模结果开发了一款植入了新一代"智能优眠系统"的睡梦宝－Ⅲ家用空调。"智能优眠系统"具有智能呼吸换气、4 种睡眠模式等功能，系统化地为卧室睡眠营造健康舒适的环境。这样一来，企业真正地从更智能化、更人性化、更多样化等角度提升了消费者睡眠质量，获得了新的客户增长点和持续的产品优势。

四、案例小结

当前，我国制造业龙头 A 企业已在战略、业务、文化、人才等方面迈出了数字化转型的一大步，为其他制造业企业提供了宝贵的经验。在未来，各企业应该充分结合政策、市场、自身业务特点等，制定出真正适合自己的数字化转型战略。

我们相信，中国必将有更多的制造企业成功实现数字化转型，让中国制造业在世界的地位更上一层楼。

第三节　大型央企 B 集团数字化转型案例研究

B 集团是一家具有多元化业务的综合性大型企业，业务主要集中于综合交通、特色金融、城市与园区综合开发运营等三大核心产业。对于 B 集团庞大的产业群未来发展趋势而言，数字化转型是必要的，因为其不仅利于集团对各分支动态进行及时的监测，还会优化各部决策、改善资源分配，从而形成良好的交互循环，书中将结合 B 集团官网与历年财务报表中的数据开展案例分析。

近年来，B 集团持续关注云技术、物联网、边缘计算、5G 和卫星通信、人工智能嵌入等重点技术，并通过建设集团云平台、大数据湖，全面进入云时代，以期带来客户经营线上化、生产运营智能化、内部管理移动化、产业生态互联化。2019 年，B 集团各项经济指标再创新高：实现营业收入 7177 亿元，同比增长约 10%；利润总额超过 1625 亿元、净利润超过 1262 亿元，同比分别增长 12% 和 18%；截至 2019 年年底，集团总资产超过 9.3 万亿元，同比增长超过 14%。集团利润总额、净利润和总资产在同行中均名列前茅。所有这些优异的成绩单都得益于数字化转型在集团的推进。

下面，让我们应用本书的"三力"模型——融合力、敏捷力、数据力，系统性地分析 B 集团的数字化转型之路。

一、融合力

1. 战略融合的实践

居安思危，才有远见卓识。2017 年 12 月，B 集团董事长提出："B 集团从未面临如此深刻的时代挑战。"这里的挑战即为数字化转型。数字化时代重塑了发展环境，使得大企业随时可能被小企业赶超。对此，B 集团的董事长认为要从集团和子公司两个层面着手变革，主动拥抱数字化。

在集团层面，B 集团管理层认为要结合数字化与传统产业，实现以"创新、融合、开放、协同"为内涵的数字化转型。

创新是本质。B 集团的数字化一定是有自主创新能力的数字化。

融合是核心。这里的融合具有两方面的含义：一是与产业融合，即通过对生产要素和运营管理的数字化改造，提高业务运作效率，增加业务附加值，催生新的产业和服务模式，以数字化重构 B 集团的产业逻辑；二是与客户融合，即用数字化技术去洞察、满足和引领客户需求，更好、更快地回应客户的痛点、难点和兴趣点，充分提升产品和服务的市场竞争力。

开放互联是数字化的显著特征和独特优势。没有开放就没有活力。对此，集团一要促进内部开放共享，打破内部的"信息壁垒"；二要推动外部的生态构建，构建开放式的数字经营、资源整合和创新服务体系，努力打造更高层次的数字化生态圈。

最后，协同也十分重要。集团要统筹协调与各方的关系。具体而言，一要统筹总部和各板块的数字化关系；二要统筹客户服务、生产运营、内部管理和生态模式四方面的数字化转型重点；三要统筹科技、产业和金融之间的关系；四要统筹数字部门和业务部门、其他职能部门的关系。

在子公司层面，B集团管理层认为要在具体项目落地上有所突破。

数字化转型要以客户服务为核心，在数字化营销、数字化运营和数字化生态方面着力；突出模式创新，要在"产业＋科技""产业＋互联网"上主动谋划、积极布局；突出产融结合[①]，要进一步发挥集团产融结合优势，为企业的创新和数字化提供全生命周期、全方位的金融服务。

2. 业务融合的实践

作为我国大型综合性国有企业集团，B集团的业务范围较为广泛，主要集中在交通、金融、城市和园区综合开发运营这三大核心产业。B集团致力于将数字化成果广泛应用于集团及旗下各产业，在其整个价值链，即生产分析、供应链分析、经营分析和服务分析等各个方面发挥积极作用。

（1）数字化生产分析

C公司是B集团航运和海事的传承者，业务主要聚焦于海洋装备修改装、海洋装备制造、豪华邮轮制造、新材料和特种设备四大板块。C公司在数字

---

① 　产融结合：产业与金融业在经济运行中为了共同的发展目标和整体效益通过参股、持股、控股和人事参与等方式而进行的内在结合成融合。——编者注

化转型期间，始终坚持提升自主研发能力。2020年4月，C公司召开科技创新委员会，20名委员先后围绕科创能力建设、未来科技规划以及研发方向等领域提出了意见和建议，充分展示出C公司对于科技创新的重视重度。C公司表示在下一阶段将着力于转变科技创新模式，即从单一创新逐步转向多元创新，通过争取可以增强优势、提升竞争力的项目，持续提升生产效率、产品质量。

在坚持科技创新的基础上，C公司积极实现数字化战略目标，其利用B集团云平台、大数据平台及数据管理体系促进集团数字化能力快速跃上了新的台阶，集团全面进入了云时代。B集团数字化领导小组此前提出：用三年时间，即在2022年完成C公司"上云入湖"的目标。C集团要充分利用集团已有的基础物理资源和技术优势，节省投资和开发成本，打通和汇聚数据，加强技术交流和沟通，制订具体计划。B集团数字化中心牵头与专家团队等共同深入C公司了解现有业务系统、技术架构、数据模式，推动C公司"上云入湖"工作进程，帮助公司实现数字化战略目标。

（2）数字化供应链分析

D公司是B集团控股的二级子公司和物流业务的统一运营平台，其目前是中国最大的综合物流整合商和国家5A级综合物流企业。在全球物联网蓬勃发展的数字化浪潮下，D公司致力于成为智慧物流的引领者、供应链生态圈的构建者。

对于D公司而言，构建智慧物流是一场全面数字化、全面智能化和全面生态化的产业革命，从互联网到移动互联网，再到物联网、云计算、大数据、人工智能，数字化转型是必经之路。D 公司认为智慧物流是点、线、面、体这四个层面上的智慧化，企业主要通过自动化、信息化、数据化降低劳动投入，提升物流节点和流程环节的效率；通过企业主营业务的线上化、可视化有效整合供应链和价值链；通过搭建协同化价值网络，重新定义和赋能客户、业务、组织和产业。

在启动数字化转型上，D 公司通过紧扣行业化和全链条，加速全网贯通，在业务数字化平台建设与推广中取得了良好的成效。D 公司搭建统一物联网平台，打造物流资源云平台，推广集装箱 O2O 平台；连接央企电商联盟，与国网电商、易派客、欧冶云商等平台互动连接，搭建产业互联生态圈。此外，D 公司大力推进专业公司的整合力度，形成了"统筹管理—业务运营—产业投资"三位一体电商总架构，实现组织体系网络化、市场化。

（3）数字化经营分析

E 公司是 B 集团内唯一的地产资产整合平台及重要的业务协同平台。E 公司从城市功能升级、生产方式升级、生活方式升级三个角度入手，为城市发展与产业升级提供了综合性的解决方案。目前，E 公司的业务已覆盖了教育、文化、写字楼、园区、文创、长租公寓、住宅、酒店、综合体、商业、邮轮、健康、养老 14 个领域。

2019 年，伴随着楼市调控的持续深化，地产从黄金时代迈入白银时代。然而，处于增速放缓的地产行业中，E 公司逆势开花，以稳健节奏超预期完成业绩。这个业绩的达成，一方面与公司定位于"中国领先的城市和园区综合开发运营服务商"，确立了"前港—中区—后城"的独特发展经营模式有关；另一方面，也与它以地产开发为牵引，顺应时势，积极推动园区、商业、公寓、文旅、健康等领域的产业数字化转型有关。对于具有多元产业综合运营优势的 E 公司来说，数字化转型已经不再局限于单纯的技术工具，它的应用和创新还能为业务赋能。通过资源整合的方式串联上下游的不同元素后，E 公司形成了一个闭环综合运营的"产业数字化生态圈"。

数字化转型赋能产业升级。在产业数字化领域，E 公司用"两条腿"走路。一方面，它以互联网、大数据、物联网、区块链等数字新技术实现建造和运营层面的物理空间数字化，打造数字孪生[①]，通过"智慧+"空间在线化、设备智联化、服务智能化能力，提升管理效能，助力资源优化与资产增值。E 公司近几年研发的健康科技住宅体系（4+X）包含绿色健康、智慧科技两大模块内共 28 项领先技术，具备人脸识别、动态测温、自动派梯等便捷功能。另一方面，E 公司以客户为中心打造极致客户体验和大会员体系，通过融合线下线上的流量红利，实现多业态的管理模式和业务模式的转变，并推动产业升级。在传统的房地产开发和销售业务模式下，房产交易完成之后，客户生命周期基本结束，而后续的物业服务、社区服务、资产管理等需求，则由其他服务商提供。随着开发和销售业务增长空间的缩减，如何为客户带来极致体验、延长其生命周期、提供多元化服务，成为 E 公司未来重要的思考方向。

---

① 数字孪生（Digital Twin）：是一种超越现实的概念，可以被视为一个或多个重要的、彼此依赖的装备系统的数字映射。

（4）数字化服务分析

F 公司是 B 集团旗下专业从事行业远洋运输的航运企业，经营管理着具有悠久历史的远洋油轮船队，是中国处于领先地位的超级油轮船队经营者。F 公司秉承 B 集团创新发展的基因，对智能航运的探索集中于智能化船舶管理技术、智慧经营和智慧航安。

在智能化的船舶精准管理方面，数年前，F 公司已开始与业界领先机构合作，以实船研究应用为基础，构建船舶智能感知能力、实船试点智能运维系统，研发智能能效应用，开展船岸大数据分析，提升船舶全生命周期的安全和精确管理度。F 公司与合作方的研究首次将工业 4.0 的核心技术体系 CPS 引入船舶与航运领域，这对该领域的智能化创新突破带来了积极影响。对覆盖全船重点系统及设备的监测与控制采集点进行统一的数据汇集管理，帮助 F 公司采集、获取船舶运行状况和外部环境状况的实时数据，并在实时感知船舶运行态势的基础上，开展了船舶智能健康管理系统的试验研究，通过研究、分析与评估设备的健康状况、预警隐患、报警事件、问题分析等，从而提升船舶的安全性。

在智慧经营与智能航安方面，F 公司也迈出了研究探索的步伐，其主要利用航运大数据和人工智能技术对运力保障、航行调度、客户行为等进行分析和预测，以此辅助船舶经营、提升客户服务水平。安全是航运企业的生命线，F 公司持续推动融合先进技术与安全管理，将前沿的智能化视频分析技术和船舶安全监管相结合，努力探寻新型安全监管手段。通过船舶在线监控系统，F 公司探索如何利用 AI 技术自动检测识别人员、设备、操作过程的不安全行为或状况，做到提前干预与主动型安全管控，减少事故发生。

3. 文化融合的实践

B 集团作为大型企业，其数字化转型离不开整个集团上上下下数字化意识的树立。在企业文化与数字化融合的过程中，B 集团需要持续重视企业价值观和管理观念的建立与重塑，打造集团数字化体系，树立员工数字化思想，构建集团文化体系。多年来，B 集团在文化融合方面，一直保持着紧迫感和使命感，致力打造一流数字化企业。

（1）树立决策层数字化意识

在新兴技术崛起的背景下，数字化正在成为 B 集团战略转变的重要方向。为了将自身打造为数字化转型标杆，在 2018 年，B 集团与 IBM 签署战略合作协议，实现了从规模增长转向质量、效益、规模均衡发展，以打造数字化时代具有全球竞争力的世界一流企业。

除此之外，在 2020 年社会环境急速发生变化的背景下，集团董事长愈加看到了数字化转型对集团持续稳定经营的重要性。同时，B 集团的首席数字官认为，数字化转型的落脚点和核心就是以价值创造为目的打造产业互联网平台。B 集团决策层看到了数字化的重要性，也意识到了数字化转型的必要性，并始终从领导层出发，为集团打造出数字化思维体系做好表率。

（2）打造集团数字化社区

B 集团在打造数字化的文化氛围时，除了需要从领导层面带领集团数字化转型，集团员工对于数字化的反馈与建议也尤为重要，这些反馈与建议能够促进整个集团在数字化浪潮中对于文化体系的系统化打造。2020 年，集团数字化文化宣传服务平台——集团数字化社区正式上线。

数字化社区是 B 集团数字化的文化家园，也是数字化的全员栖息地，该系统设置了"CDO 大视野""数字化战略""集团云服务""研发天地""二级公司"5 个频道及所属 19 个栏目，是开展数字化工作的各级领导的宣讲台、数字化转型业务场景的问计处、广大数字化研发人员的工具箱，也是驱动集团数字化创新的加油站。

（3）打造集团创新文化

B 集团于 2014 年提出倡导创新的企业文化，提出要志存高远，永葆创新激情；要进一步解放思想，与时俱进；要形成理解与包容的文化，宽容创新过程中的挫折和失误。同时，B 集团在各方面推进改革，切实鼓励创新。具体来说，B 集团完善创新评价考核和奖励制度，制定创新考核机制，积极探索创新成果奖励制度；完善人才发展和激励制度；完善资源投入制度，在资源分配方面建立适应创新要求的机制。在 2014 至 2018 年的 5 年间，B 集团共奖励过 30 多个创新先进单位、200 余项发明专利，累计资助和奖励金额达 3 亿元。此外，B 集团每年将收入的 1% 用于科研投入，其近 3 年科研投入年均复合增长率超过 50%。依靠着集团的创新文化，B 集团已在各个业务的发展上取得了重要成果，显著加快了其成为世界一流企业的步伐。

二、敏捷力

1. 敏捷领导的实践

B 集团过往的丰硕成果离不开领导层的辛勤付出和真知灼见。而数字化时代的到来又对领导者提出了更高的要求，培养敏捷领导更是成为企业的重中之重。

2019 年，B 集团各项经济指标再创新高，但数字化转型也面临一系列挑战。数字化转型已经成为以董事长为首的领导层和董事会最重要的工作之一。B 集团的数字化转型不仅需要自上而下的数字化改造，还需要将原来分散的体系通过先进技术连接成整体，从而实现数字化的目标。

对此，B 集团在 2020 年数字化工作的总体思路是要以实现数字化为愿景，以数字化规划为基础，支持各产业公司在客户服务、生产运营、内部管理、生态模式等方面的数字化转型，打造领先的、有集团特色的产业互联网平台。

2. 敏捷组织的实践

在数字化转型过程中，B 集团庞大复杂的组织架构引发了一系列问题。例如，如何打通众多"烟囱"式的系统？如何实现跨地区、跨组织、跨场景的即时办公？如何集约化、智能化地连接任务、场景和文档？面对这些问题时，构建敏捷组织，实现协同合作就显得尤为关键。

2019 年，B 集团启动建设"随行"平台，它集成了 5 大基础平台和 9 大类待办任务，迁移 40 多个应用，新建 9 个应用，还为二级公司提供了个性化系统集成的服务。该平台帮助集团实现了快速决策、信息透明并优化了绩效机制。

首先，该平台的统一入口和一键触达功能使员工只需一个账号便能处理整个工作流程中的事项，所有待办事项都能在该平台上集中处理。

其次，该平台通过建立管理驾驶舱，帮助员工聚焦业务与数据。如此一来，员工便能采用多类型、多样式的图表来定制可视化界面并随时查阅企业各业务环节数据和多层次指标体系，同时业财一体化经营监控和预警。

最后，"随行"能随时将集团内外新闻动态推送到账号上，帮助员工掌握最新动态。同时，员工每日任务和工作情况的及时呈现也便于集团进行绩效考核。此外，该平台还能实现跨组织即时通信，满足员工多场景沟通需求。与此同时，"随行"也是集团内部管理线上化的开放式基础平台。

依托该平台，集团总部职能部门的共性系统和各二级公司众多的个性应用系统都逐步完成了集成和开发上线。在持续迭代的过程中，这些系统负责连接和协同 B 集团各子公司的生产经营，以便更好地贯彻集团管理意图，提升各二级公司业务经营效益，助力数字化转型。

3. 敏捷人员的实践

B 集团持续强化"能进能出、能上能下、能增能减"的人才机制，既集聚了人才，又传导了压力，更激发了动力。同时，B 集团进一步要求，在人员方面要以数字化需求为重点，实现敏捷人员转型。

契合的员工聘用制度是 B 集团实现敏捷人员转型的基础。在员工聘用方面，集团始终坚持立足全球视野，以优质的数字化项目凝聚人才。早在 2015

年，B 集团便在 10 家二级公司实施了全球公开招聘。目前，集团已经逐步将多家二级公司领导班子纳入市场化任用体系。集团与二级公司签订 KPI 合同，集团或所在二级公司与领导者签订聘书，明确领导层的聘任、考核、薪酬和退出机制。

B 集团以数字化实践培养人才，以数字化转型造就中坚力量。为帮助新员工尽快适应工作流程，该集团引入了导师制，在新人的工作、生活等方面提供帮助和指导。除此之外，B 集团还一直致力于培训成果的转化。比如，B 集团的青年骨干培训班采取"围绕项目课题的个人毕业论文写作 + 小组课题答辩"的毕业形式，即以小组为单位进行课题研究，个人独自撰写论文，小组课题研究成果将以答辩会的形式进行展示，这将真实记录学员个人通过运用培训学习中所学到的新知识、新理论解决实际工作中的问题的整个过程，从而更敏捷地适应数字化时代的新变化与新需求。

对于薪酬体系，B 集团强调"与市场接轨、与行业相符、与地域相适、与业绩匹配"。集团每年根据各单位战略方向选定对标效益指标，根据效益指标年增长率所处分位值区间确定对标结果。在对标薪酬水平与市场薪酬的基础上，同层级岗位体现行业差异，同类岗位体现价值差异。

在绩效考核方面，B 集团树立了"跑赢大市、优于同行"的侧重成果的业绩导向，同时，进一步加大了薪酬与业绩考核结果的挂钩力度。为避免员工只顾短期业绩，忽略长期战略的短视行为，B 集团引入了递延奖金机制。在战略考核周期内，将每年奖金中的一部分递延至考核周期结束时一次性发放。递延奖金兑现额度根据 3 年战略考核分数调整，这种机制能够有效引导员工关注战略落实进度，实现短期业绩与长期战略的协同发展。

在员工激励方面，B集团认为应依据个性化需求进行探索。B集团注重引导所属企业发展阶段的实际需求，参照行业和市场惯例，有针对性、有侧重地实施重点改革，并探索实施员工持股计划、股票期权等多种中长期激励工具。例如，对于所属的科研、设计类企业，B集团根据其人力资本贡献占比较高的特点，探索实施股权出售激励计划、岗位分红激励计划；对于符合员工持股试点政策导向的中外运化工物流公司，申请混合所有制员工持股试点。B集团还实施项目跟投管理制度，并在实施过程中及时总结经验、评估效果、不断优化机制，从而让更多的员工用"事业合伙人"的心态经营项目，同心共创数字化。

三、数据力

1. 数据获取的实践

数据是企业的重要资产，对数字化转型至关重要，而获取数据更是极为关键的一环。对此，B集团进行了大胆尝试，其G、E两家子公司便是典型的代表。

G公司是B集团全资子公司，其数据存在4个方面的问题。第一，数据资产不清晰，不够了解自己的数据；第二，数据质量差，影响了正常的业务判断，如风控、预测等；第三，数据与业务的开发和协作不同步；第四，缺少统一标准。针对以上问题，G公司委托某大型软件集团开展了数据治理项目。通过实行数据治理、建设数据仓库、逐步按需推进数据应用落地，G 公司实现了"用数据说话、用数据决策、用数据管理、用数据创新"的经营目标。该治理项目共分为三个阶段开展。

第一阶段是"建组织、定标准"，主要完成数据治理组织架构，出台数据管控制度和考核制度，制定全公司统一使用的数据标准并建设数据标准管理平台，实现数据标准系统化管理。

第二阶段是"执行数据治理、建设数据仓库、落地数据应用"，主要完成数据质量管理平台构建、数据质量检核和质量绩效考核；完成企业级数据仓库建设，在数据仓库中进行落标，为其他系统提供标准统一的数据接口服务；建设管理驾驶舱及报表系统，体现数据价值。

第三阶段是"数据深度挖掘阶段"，一方面扩大数据治理范围，并加强业务系统落标执行力度；另一方面优化数据模型，深挖数据价值，实现智能搜索、大数据风控等数据的应用。在项目实施过程中，数据标准产品对分散在各系统中的数据提供一套统一的基准，包括数据命名、数据定义、数据类型、赋值规则等，并通过标准评估确保数据在复杂的数据环境中维持企业数据模型的一致性和规范性，从源头确保数据的准确性及质量，并提升开发和数据管理的一贯性和效率性。此次项目建设共梳理了 580 多项基础数据项标准及 140 多项指标数据项标准。

同样地，E 公司通过"一套标准、一套流程、一本字典"，也在数据标准体系建设方面取得了不错的成效。"一套标准"是指业务信息系统管控指引的标准化，被用来指导各部门、项目公司怎么使用这个系统，它解决了管理和开发的权责划分问题。此外，集团内从各自的需求出发产生争执、系统开发零散无序的问题也迎刃而解。"一套流程"是指明确的系统业务流程。E 公司把土地、项目、分期、产品和楼栋等业务流程全部标准化。每一个阶段的数据由谁录入、什么时候录入都有了明确的权责，而且项目涉及的主数据都需要经过集团总部的审批，数据的录入和维护有了合理、清晰的流程。"一本字典"是指所有专业名词的统一命名体系。各部门提出的名词包括的含义可能有所差别。对此，E 公司将业务涉及的专业名词定义为一个标准化的词语，并从分类、定义、提供部门、主责部门、维护时限、更新频率等 12 个维度设定指标，然后在统一的管理平台上落地。这样一来，集团内在提供数据方面就有了统一标准。

2. 数据流通的实践

数据如同"能源"一样，也能为经济发展提供动力。而数据流通在这个过程中扮演着承上启下的角色，是促进数字经济发展中最为关键的因素之一。数据是 B 集团数字化转型的基础，做好数据的流通工作可以增强集团内外部数据及成果的共享力度，也有助于集团内部数字化转型的顺利推进。

2019 年，B 集团举办云平台及数据湖建设研讨会，共同商讨云平台、大数据平台及数据管理体系（"两平台一体系"）的建设，并提出应以"共商、共建、共享"为原则。

"两平台一体系"的建设是为了打造对内协同、对外开放、赋能产业的数字创新生态系统，让集团云平台既有"公有云"的便利性和先进性，又有

"私有云"的个性化和实用性，从而更好地支撑集团管理和业务经营向数字化驱动全面转型。

2019 年，B 集团召开主数据治理项目启动会，希望通过治理数据、打通业务及管理条线的数据提升自身的数据分析能力、数据质量并解决数据应用的痛点。如此一来，B 集团的数据汇聚就拥有了实现的条件，二级公司之间的数据共享和数据分析也成为可能。同时，集团未来的数据开放生态构建也能获得充足"原料"。

3. 数据应用的实践

B 集团已经初步实现了数字化转型，也能很好地将数据应用于管理决策。在 2020 年，B 集团已经将在数字化转型中取得的成果广泛应用于防疫抗疫工作，比如，在规划抗疫物资运输路径、管控疫情等方面发挥了重要作用。

四、案例小结

2020 年，B 集团在各个领域的变革成果不仅有力支援了国家防疫抗疫一线，也为地方政府、社区防疫与抗疫工作的科学防治和管理决策提供了大量数据资源。这得益于 B 集团在近年来一直在努力拥抱科技浪潮、积极推动数字化转型、全力建设数字集团。可以说，B 集团已经在一定程度上做到了将大数据、人工智能等技术有机融入各产业板块，并推进了传统产业与数字科技的深度融合。在不久的未来，当 B 集团全面完成数字化转型时，势必能更好地适应数字时代，在数字浪潮中乘风破浪。

第八章　应用与展望

在数字时代，富有远见的企业纷纷开始数字化转型。然而，埃森哲跟踪研究数据显示，2018 年仅有 7% 的企业的数字化转型成效显著；经过一年的全面推进，该数字在 2019 年也仅上升到 9%。在时代挑战带来的机遇面前，企业和管理者如何更好地保障数字化转型的落地显得至关重要。

数字化转型贯穿于企业的战略、业务、组织和数据的全方位、多维度改造和升级等各项活动，其落地包括以下 4 个层面：战略层、业务层、组织层和实现层（见图 8-1）。

数字化转型的第一步是企业整体战略规划，即融合力中的战略融合。企业管理者必须清楚企业转型的方向、关键要素有哪些。只有将这些事情考虑清楚并做好已有战略和数字化转型的融合，企业才能推进后续业务的数字化转型。微软从起初的轻视 iPhone 到正视 Windows Phone 的失败，再到决定将 Office 软件开放至 iOS 系统，背后体现的正是从"让每个家庭和每张办公桌上都有一台计算机"调整为"赋能给每个组织、每个人，帮助他们成就不凡"的战略融合。引领航向的整体战略一旦确定，企业便可以立足于业务场

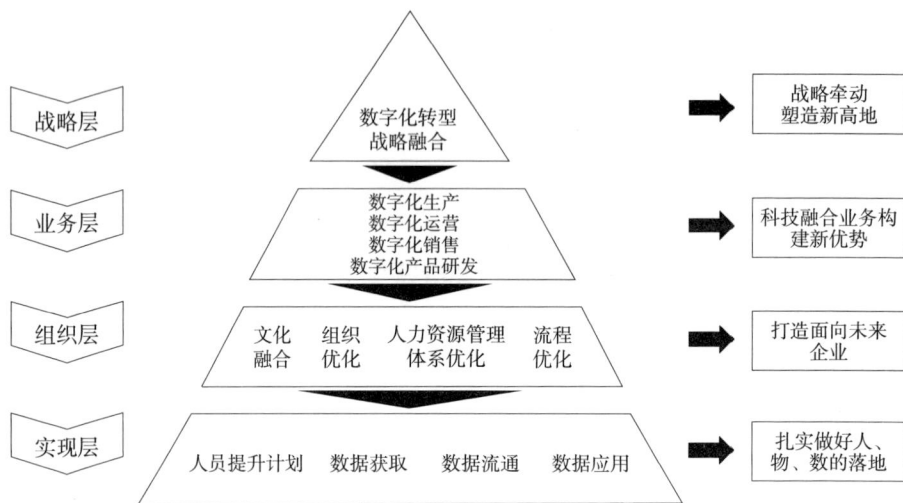

图 8-1 数字化转型规划图

景，深度开展业务融合，落地重点业务板块，如数字化生产、数字化运营、数字化销售和数字化产品研发等。在重点业务成功完成与数字化的融合后，企业可逐步将其推广至更多业务。然而，融合力的提升并非只是通过战略层和业务层便能实现的，文化融合也十分重要。对此，企业应从组织的内部和外部同时入手，一方面通过融合内部文化与数字化时代特征提升凝聚力；另一方面通过建立数字化企业外部文化提升企业与外部网络的合作黏性。除此之外，敏捷组织也必不可缺。在瞬息万变的数字时代，企业固有的组织模式无法敏捷应对外界变化，经常会出现企业在战略层和业务层制定了很好的方案，但在组织层尚未来得及反应时，外界环境就已产生了新变化的情况。这正印证了麦肯锡全球资深董事斯科特·凯勒与麦肯锡高级合伙人科林·普拉恩在《超越绩效：组织健康比业绩更重要》（ *Beyond Performance*：*How Great*

Organizations Build Ultimate Competitive Advantage）一书中的一句话："敏捷比业绩更重要。"因此，在组织层面，企业需要从组织、人力资源管理体系及工作流程等多维度入手开展变革，朝着敏捷领导、敏捷组织和敏捷人员的目标优化自身，全面提升自身的敏捷力。

另外，数据作为企业中无处不在的基础元素，对数据的高效利用也是数字化转型落地中的关键一环。企业只有充分利用数据这项宝贵的资产，把握数字经济的力量，才能在不确定中拥抱未来。数据力的充分发挥需要专业人才的助力。因此，企业在关注数据本身之前，需要先对人员专业能力的提升给予充分关注，扎实做好人力资源的落地。至于数据本身，企业应牢牢抓住数据治理的"牛鼻子"，形成可信、真实的数据。与此同时，对数据的流通和集成过程中的各个环节和要素也应严格管理并监控，通过系统落地、规划等方式实现数据的畅通无阻与高效转换。如此一来，企业才能通过数据管理驾驶舱等充分挖掘和发挥数据的效用，使其充分发挥价值。

对一家企业而言，数字化转型无异于脱胎换骨、洗经伐髓，这一过程注定是艰难的。但是，一旦企业完成了战略制定、业务规划、文化融合、组织和流程优化、人员提升、数据建设等方面的数字化转型，全面提升融合力、敏捷力和数据力，无异于得到了一种升华和重生。在未来的时间长河里，我们有理由相信，这样的企业必将以一种高效、敏捷、快速的发展速度，在数字化浪潮中成长壮大，基业长青。

致谢

就好像看到一个产品，大家往往只能联想到产品经理一样，人们可能只看到了台前角色，而没有看到幕后很多为此付出了大量心血的其他人。一本书也是这样，大家可能只看到了署名作者，其实背后是整个团队的辛勤付出。

首先特别感谢我们的创作团队，感谢徐智君、谭瑞图、王倩、张婧宜、陈洁雯、高紫荆、田颖等。在本书的创作过程中，他们承担了相关章节的素材收集整理、主线梳理、草案写作、案例打磨等工作，没有他们的真心付出，本书肯定至今都无法面世。我们为有这样的创作团队而自豪，世上可能没有完美的个人，却有完美的团队。

书是实践的总结，没有一个又一个项目的历练，就没有总结。特别感谢每一个信任我们的客户，他们让我们有机会在实际的项目场景中历练和成长。同时，也敬佩他们率先拥抱数字化的勇气和智慧。

吴能全教授、吴少华先生、朱益宏先生、范脡先生、姚乐先生、黄敏先生、黄文强先生、周庆林先生、彭芳泉先生、张腾先生、刘京先生、蔡毅先生、江小静女士及广东省首席信息官协会顾问理事团等多位良师益友在我们的数字化研究和实践中给予了很大的鼓励和支持，在这里向他们说声："谢谢！"

感谢人民邮电出版社张渝涓女士、缪永合先生、袁璐先生、郑婷女士及策划编辑、文字编辑、营销编辑等团队各位老师的付出与支持，我们深知，作者把书稿交给出版社，仅仅完成了一部分工作，是他们专业的策划和编辑工作，让这本书的价值完整呈现。

最后，感谢我们的家人，是她们永远在背后默默地支持着我们，家庭永远是我们最温暖的港湾。

我们在本书中提出的"三力模型"是基于对过去多年项目实践的总结和归纳。限于我们的视野和实践环境，且因为数字化的环境日新月异，这个模型肯定会有很多不足之处，在有些场景下的使用也仍然有待商榷，期待读者朋友们在阅读过程中多多指正，便于我们再版时补充修正。

虽然数字化的过程磕磕碰碰、兜兜转转，但我相信其前景无限光明，让我们携手为中国数字化的建设贡献自己力所能及的力量。

参考文献

［1］刘建基 . "互联网 +" 时代制造企业组织敏捷性提升机理及对策 [J]. 党政干部学刊，2017（01）：54-60.

［2］彼得·奇斯，雅瑞特·西佛尔斯通，大卫·史密斯 . 敏捷组织的人本要素 [J].21 世纪商业评论，2010（01）：82-85.

［3］奥巴马·阿布什，保罗·纽恩斯，拉里·唐斯 . 明智转向：一本书读懂企业数字化转型战略 [M]. 陈绍强，陈宇，陈杉，译 . 北京：中信出版社，2019.

［4］维克托·迈尔－舍恩伯格，肯尼思·库克耶 . 大数据时代：生活、工作与思维的大变革 [M]. 盛杨燕，周涛，译 . 杭州：浙江人民出版社，2012.

［5］吴军 . 浪潮之巅 [M]. 北京：人民邮电出版社，2019.

［6］梁乃明，方志刚，李荣跃，高岩松 . 数字孪生实战：基于模型的数字化企业（MBE）[M]. 北京：机械工业出版社，2019.

［7］Fei Tao，et al. Digital Twin Driven Smart Manufacturing[M].Academic Press，2019.

［8］迈克尔·韦德，杰夫·劳克斯，詹姆斯·麦考利，安迪·诺罗尼亚 . 全数字化赋能：迎击颠覆者的竞争战略 [M]. 瑞士洛桑管理发展学院，译 . 北京：中信出版社，2019.

［9］王二乐，乔锐．打造组织运营敏捷力：自定义 ISO 9001+ [M]. 北京：电子工业出版社，2016.

［10］Loshin D . Enterprise Knowledge Management: the Data Quality Approach[M]. Morgan Kaufmann Publishers Inc.，2000.

［11］周宏仁．信息化蓝皮书：中国信息化形势分析与预测（2017–2018）[M]. 北京：社会科学文献出版社，2018.

［12］王兴山．数字化转型中的企业进化逻辑 [M]. 北京：电子工业出版社，2019.

［13］亚列克斯·卡斯特罗尼斯．AI 战略：更好的人类体验与企业成功框架 [M]. 陈斌，译．北京：机械工程出版社，2020.

［14］乔希·沙利文，安吉拉·朱塔弗恩．数字时代的企业进化：机器智能 + 人类智能 = 无限创新 [M]. 冯雷，冯瑜，钟春来，金建虹，译．北京：机械工程出版社，2020.

［15］姜浩．数据化：由内而外的智能 [M]. 北京：中国传媒大学出版社，2017.

［16］Rogers D . The Digital Transformation Playbook: Rethink Your Business for the Digital Age[M].Columbia University Press，2016.

［17］Robertson Mark.Digital Strategy: Learn To Transform Your Business for the Digital Age[M].CreateSpace Independent Publishing Platform，2018.

［18］Kumar U Dinesh.Business Analytics: The Science of Data - Driven Decision Making[M].Wiley India，2017.

［19］Lakhani K R ，Iansiti M . Competing in the Age of AI: Strategy and Leadership When Algorithms and Networks Run the World[M].Harvard Business Review Press，2020.

［20］张道海，金帅．"互联网 +" 时代的企业信息化管理与创新 [M]. 南京：江苏大学出版社，2016.

［21］Herbert Lindsay.Digital Transformation: Build Your Organization's Future for the Innovation Age[M]. Bloomsbury Business，2019.

［22］王保育，李纪华，吴莜瑛，林旭光．企业数字化转型架构：互联网 + 时代的创新技术与实践 [M]. 北京：电子工业出版社，2015.